2025年浙江省基础教育教学成果一等奖
浙江省教研课题一等奖成果（J2021149）
浙江省教育科学规划研究课题成果（2022SC128）

思辨性写作

30课

郑可菜 著

**Thirty Lessons
in
Critical Writing**

ZHEJIANG UNIVERSITY PRESS
浙江大学出版社
·杭州·

图书在版编目（CIP）数据

思辨性写作30课 / 郑可菜著. — 杭州：浙江大学
出版社，2023.9（2025.11重印）
ISBN 978-7-308-19944-5

Ⅰ.①思… Ⅱ.①郑… Ⅲ.①作文课—中学—教学参
考资料 Ⅳ.①G634.343

中国国家版本馆CIP数据核字(2023)第158159号

思辨性写作30课

SIBIANXING XIEZUO 30KE

郑可菜　著

策划编辑	肖　冰
责任编辑	胡宏娇
责任校对	徐娅敏
责任印制	范洪法
封面设计	杭州林智广告有限公司
出版发行	浙江大学出版社
	（杭州市天目山路148号　邮政编码310007）
	（网址：http://www.zjupress.com）
排　　版	杭州林智广告有限公司
印　　刷	杭州高腾印务有限公司
开　　本	787mm×1092mm　1/16
印　　张	12.75
字　　数	237千
版 印 次	2023年9月第1版　2025年11月第14次印刷
书　　号	ISBN 978-7-308-19944-5
定　　价	39.80元

浙江大学出版社市场运营中心联系方式：0571 - 88925591；http://zjdxcbs.tmall.com

序

　　《思辨性写作30课》是郑可菜老师集多年教学经验所撰写的一部写作教学指导书，内容主要是高考作文的写作方法和技能，所面向的读者主要是高中学生、中学语文老师。

　　郑可菜老师曾作为高级访问学者来上海师范大学进修，与我有一段师生之缘。书稿交付出版之际，早已是特级教师、正高级教师的她发来邮件，希望我为她的新书写一篇序。我理解她的意思，愿意站台鼓掌。但当看到书稿，我却犯起了难，高考作文我素无研究，这个序我无从落笔。而所应允的事是要履行的；思量下来，我想从如何阅读和使用这本书的角度谈一些认识，以供读者在阅读和使用这本书时参考。

一、按三类写作知识，梳理书中内容

　　《思辨性写作30课》共有五章，分别是议论文写作的"思辨"、最基本的论证方法、篇章结构的锻造、不同类型命题的写作、下水文示范。每一章有六课左右，具体论述写作的方法、策略和技巧。这么来安排这本书的结构和课的次序，使书的结构清晰、课的先后有条理。但这个结构是"写书"的结构，我想，可菜老师教她的学生的时候，恐怕不是这么一课接着一课地依序上的。这是一本方法类的书，我们读这本书，当然要知道这本书说了什么，但"知道"不是目的，目的是学到书中对我们有用的方法，因此我们读者"用书"的结构顺序，不一定要按作者"写书"的结构顺序。

　　科学研究证明，读写知识有三种类型：一是读写学习的一般性知识；二是阅读和写作中的任务特殊性知识；三是阅读和写作的共同体特殊知识。我在这里只讲写作，联系《思辨性写作30课》这本书做一点简要的讲解。我建议同学和老师们按以下三类写作知识来梳理书中内容。

　　第一类是写作学习的一般性知识。一般性知识是最基本的写作知识，主要包括两个方面。

　　一是写字、用词、造句、组段、锻造篇章结构的基础知识和基本技能，这是学习写作的最主要的方面。专门研究高考作文的前辈学者章熊，在分析大量高考作文的基础上指出，学生作文的语言表达，最主要的指标是规范、连贯、得体。换句话说，学生作文的最大问题是用词造句不规范、段落的语句不连贯、不符合文体和语体的基本要求。一般情况下，高考作文的失分点主要在这里。北京高考评卷组组长、北京大学漆永祥教授谈到对高考作文的要求时说，他最大的期望是同学们把话说通，说人话。可菜老师在这一本书中有一些涉及这方面的内容，比如第17课"核心概念 从'下定义'到'下定意'"，第18课"论述语言 从'说人话'到'说好话'"。建议同学和老师们在平时的学习和教学过程中时时抓住规范、连贯、得体这三个要点，努力、自觉、严格地做到。

二是对写作的认识和理解，包括读者意识、写作的基本过程等。写作活动包括三个交互进行的写作过程：萌生一个想法（写什么），把自己的想法用文字、语句、语段表达出来，重读自己的作文并进行反复修改。其中重读和修改非常重要，关于这一点，我在第二个建议后再细说。关于具有读者意识，可菜老师在第6课"周全说理 心中有个'Ta'"、第22课"交际语境类 拉满'现场感'"等都有提到。写作学习的一般性知识，不是一朝一夕可以学会的，需要长期练习，持之以恒，乃至形成写作习惯。

第二类是写作中的任务特殊性知识，即关于文类、文体的写作知识。这本书的第二章"最基本的论证方法"和第四章"不同类型命题的写作"，讲的都是思辨性写作这一类写作知识，包括写作方法、策略和技巧，第三章"取题""开头""引导材料""论述语言""有针对性"等内容，多数也是这一类写作知识。所以这本书书名是"思辨性写作30课"，尽管书中的材料多选取自高考作文，论述的角度也着眼于考场作文。

第三类是写作的共同体特殊知识。特定的群体构成"共同体成员"，"共同体成员"有阅读和写作的"特殊惯例"。同学们参加中考、高考，被称为"考生"，考生们构成了特殊的共同体。高考作文（包括其他语文考场作文）有很特殊的语体特点，或可称为"高考体"。

语文考试的考场作文有其特殊的写作知识。具体来说，考场作文有以下几个特点或局限。

一是要审题。试卷给出考生一个之前可能毫无想法的作文题，要求考生必须完成并且写出好作文来，这是一件很奇怪的事情。正常的写作情况，是你有了一些想法（知道自己要写什么），然后才有写作这件事情，作者在写作过程中不断明晰（包括修改）自己的想法并努力表达出来。即使是别人给你的一个写作任务，给任务的人也是知道你会有想法，比如可菜老师给我的这个写作任务，如果她认为我对写作一无所知、对写作教学并无想法，她就不会要我为她的书写一篇序。而考场作文很特殊，不管是什么情况，考生都必须现场想出些想法来。而不同的命题方式有不同的方法和技巧，比如材料作文，有材料作文审题的更特殊的方法和技巧。

二是写作的时间非常短，必须在规定的时限内完篇交卷。在正常的情况下，梦笔生花、一气呵成这种事是很罕见的，写作通常要断断续续花费好多的时间。比如我这篇序，从酝酿想法到现在落笔，已超过了三个星期。这如果是考场作文，不知要"社死"几遭呢。据说著名作家余秋雨有一次凑热闹写高考同题作文，结果 60 分钟内竟然没有写完（不知这种情况是否要算作四类文）。这并不是说在考场按时完篇并获得高分的同学比余秋雨写作水平高，而是说，余秋雨缺乏（或遗忘了）考场作文的特殊知识，因此作高考作文不合格。也因为时限的要求，考场作文基本上没有修改这个写作过程。修改不同于校订，改正错别字、修改病句、检查标点等，是校订，校订改正的是一些低级错误。改正低级错误当然是必需的，但它不是作为写作过程的修改。

三是有特殊的阅读者，也就是阅卷老师。关于这点，可莱老师在书中也有多处提到。我用两个刺耳一点的词来说，一个词是"秒杀"，阅卷老师用几十秒就可以判定一篇作文的档次，这意味着高考作文必须有眼睛一瞥就能被看到的"亮点"；另一个词是"被鄙视"，在成百上千份同题试卷中，你的作文必须有唤醒阅卷老师已近乎麻木的眼睛的力量。这就要求高考作文要有一些新颖的"招数"。

上述三种类型的写作知识是糅合在一起的，用图形表示如下，大家也可以想象把这个图形压扁来看。

写作学习的一般性知识，是写所有文章都必需的知识；任务特殊性知识，是写一类文章（如思辨性写作）所必需的知识。这两类知识都是学生"可以带着走"的知识，高考之后上大学，读完大学之后工作，乃至退休之后，只要你写作，就要用到一般性知识，只要你写议论性的文章，就要用到思辨性写作的文类特殊性知识。

而共同体特殊知识，在这里说的是中考、高考等语文考场作文的特殊性知识，当你是"考生"时，你就得遵循考场作文的"特殊惯例"，而一旦高考之后摆脱了"考生"身份，对于这些考场作文的特殊知识你就可以弃之如敝屣了。弃之如敝屣，意思是你进入了新的共同体，必须换穿一双"新鞋"走路。比如，在大学学习学术写作，在今后学习日用或工作所需的各种样式的写作。

"高考体"作文向来被诟病，朱自清曾斥之"猥琐、叫嚣"，语言学大师吕叔湘曾明确表态"很不能欣赏"。我对高考作文素无研究，对"高考体"也不以为然，对受浸染的考生考上大学之后弃"敝屣"与穿"新鞋"的冲突还深感忧虑和无奈，但我认为在高考作文仍是"高考体"的时候，了解高考作文的特殊性知识还是很必要的，不管是对考生，还是对有责任和义务指导（教会）一届又一届考生的语文老师。

高考作文的特殊性知识对语文老师至关重要；但据我所知，真正对高考作文有深入研究，并能身体力行实战下水文的老师，并不多见。可莱老师的这本书，在高考作文的视域中，将思辨性写作的文类、文体知识与高考作文的特殊性知识融贯起来，金针度人，相信对老师和学生都会有切实的帮助。

我建议使用这本书的老师和学生，用上述图形中的三类知识来梳理这本书中的写作知识，具体到每一课中的若干知识点。从高一到高三坚持不懈地学习运用第一类知识，在高一和高二的时候着力于第二类知识的积累，在每学期临考前夕和高三冲刺时，专门训练运用第三类知识。

二、依"方法类读物"的阅读要领，学习和迁移运用

我的上述建议，意味着《思辨性写作 30 课》不是一本读一遍或两三遍的书，而是在高中三年里，可能要经常地、不时地翻阅的书。这正是"方法类读物"的特点。

方法类读物，是为解决生活、学习、工作中的实际问题提供具体方法、策略或者方法论指导的图书和报刊。《思辨性写作 30 课》属于方法类读物，其阅读方式是"致用性阅读"。致用性阅读是读者主导的，读者根据自己的阅读目的，选择性地阅读并利用读物中的某些内容的阅读方式。致用性阅读是为了解决读者的实际问题。

然而，正如莫提默·J.艾德勒所说："任何一本书都不能解决该书所关心的实际问题。"[①] 因为解决实际问题的是读者"你"，而不是作者"他"。阅读《思辨性写作 30 课》，"你"要解决的问题有两个：一是要根据"你"的作文情况，有选择地阅读有助于"你"解决自己思辨性写作实际问题的方法和策略；二是"你"要学以致用，把自己学习的方法和策略迁移应用到以后的作文中。

方法类读物的致用性阅读，要经历以下三个阶段，每个阶段都有其阅读的要领。

第一阶段："阅读"，了解书中所讲的方法和策略。

致用性阅读与其说是"阅读"，毋宁说是"学习"；阅读是学习的开始，而不是结束。第一阶段的阅读流程如下：

1.预览，了解这本书的章节安排及其主要内容。

2.挑选与自己要解决的实际问题直接相关的某些或某个章节，略读。借助书中讲

---

① 艾德勒，范多伦.如何阅读一本书 [M].郝明义，朱衣，译.北京：商务印书馆，2004：168.

述的内容和所举的例子，了解具体的方法和策略；标记自己有感触的地方，并记录自己的感想。

3.选择自己最需要的、想重点学习的一个或几个方法或策略,进入第二阶段——"节选片段"的致用性阅读。

第二阶段： "学习"，情境化地理解所学的方法和策略。

致用性阅读真正的阅读对象，是书中某章节的一个节选片段。例如某同学针对自己作文的突出问题，选择第17课"核心概念 从'下定义'到'下定意'"作为自己的学习重点。通过第一阶段的阅读，该同学已了解该课所讲的方法有三个："下定意"，引入相似概念或相对概念，拆字、拆词释义。书中对这三个方法的讲解，就是三个节选片段，如果要学会这三个方法，就要分别来学习。现在该同学想学会"下定意"这个方法，相关的节选片段如下：

> "下定意"不同于"下定义"，从汉字的结构来说，"意"从"心"，即用"我认为""我理解"来明确概念，自己赋予概念新的解释，具体的表达可以有如下句式：
>
> ①我认为，A是（本质属性或特征）的B（类属）/A的实质是……
>
> ②我认为，A应该具有B特点。
>
> ③在我的心目中，A应该是B的样子。
>
> ④我理解，A应该具有B等作用。
>
> ……
>
> 当然，在具体的语句表达中，可以不写出类似"我认为"等语句而直接展开论述。因为隐去"我的理解"，我的观点仍是显性的。如果一定要出现"我认为"，有时候反而会显得狭隘和思考不够全面。

要真正理解上述这个片段，并不容易。同学们必须在这个节选片段中加入文本之外的东西，才能使自己对该方法和策略的学习得以情境化。

1.加入自己的理解。联系章节的前后文，结合所举的例子，用自己的语言重述节选片段中的方法和策略。以上面的选段为例子，同学们需用自己的一段话，来讲述自己对"下定意"方法的理解。

2.加入自己的反思。联系自己以往的一篇或几篇作文，描述该作文在"核心概念"界定方面所存在的问题，尝试使用"下定意"的方法对该作文进行修改，比较修改前后的变化，记录这一思考过程中的学习心得。

3.想象把所学的方法和策略用于具体情境。可以利用这一课的"读写实践"或书中其他章节的一些题目，也可以另找一些高考题，或者自己设想一些话题，口头说说或者练一下笔：如果是这道作文题，我将用"下定意"的方法如此这般来写。最好把它写出来。

4.加入交流分享。可以与同伴一起学习这个片段，或者与同学交流各自对以往问题的反思和今后改进的设想，相互评议。

第三阶段："致用"，在迁移应用中深化理解。

致用性阅读的目的是学以致用，要把自己已学到的方法和策略迁移并应用到以后的作文中。而应用，则会碰到各种各样的情况：有时用"下定意"的方法较为合适，但需要在语言组织上有所变化；有时可能不适合用这个方法，因而需要学习一些别的方法，比如在"下定意"这一课中另外讲到的"概念比较辨析"，即引入相似概念或相对概念。

建议阅读和使用这本书的学生和老师们，遵循方法类读物的阅读要领，完整地经历上述三个阶段。试图阅读一遍或几遍就学会书中讲述的所有方法或策略，这是不切实际的。

以上是我的两个建议。第一个建议"按三类写作知识，梳理书中内容"，主要是对指导学生的老师说的，学生也可参考，学习写作要固本（写作学习的一般性知识）、强体（思辨类写作的任务特殊性知识），然后再辅之以高考作文的特殊知识。第二个建议"依'方法类读物'的阅读要领，学习和迁移运用"，主要是对学生说的，对老师可能也有参考价值。语文课程有"整本书阅读"学习领域，但"整本书阅读"所读的书，目前尚无方法类读物，而方法类读物的致用性阅读，是学生今后在学习、工作和生活中很重要的一种阅读方式，如果在阅读和使用可菜老师这本书的同时，学生对方法类读物的阅读方式和方法也有一些学习心得，那就是双重的收获了。

最后，我还想针对"修改"再说几句。修改，指的是学生对自己的作文所作的修改，包括内容、结构、语句、字词等不同层面的修改。研究写作的学者的一个基本共识是："修改不仅是写作过程中的一个重要的步骤，而且更准确地说，它贯穿于写作的整个过程""可以说，写作就是重写或修改（writing is rewriting）"。修改是学习写作不可或缺的重要环节，学生通过对自己的作文反复修改以及对修改的反思，逐渐形成、积累写作经验，学会如何写作。虽然高考作文基本上没有修改这个写作过程，但是在学写高考作文的过程中，比如在阅读和使用《思辨性写作30课》这本书的时候，学生无论是在老师的指导下学习，还是自主学习，都必须加入对自己的作文进行修改这一环节。

以上建议，权作为序。不知可菜老师对我上述自作主张的"导读"，以为然否？

另，特别说明：本文从动笔到写完最后一句，花了 3 个白天、2 个晚上，实际书写时间（断断续续打字、修改、校订）每天白天约 4 小时、晚上超过 7 小时，合计 26 小时。希望借此特别说明，使学生们能对写文章的人在真实情境中的写作样态有所了解。

王荣生

2023 年 6 月 24 日

（本文作者为上海师范大学教授、博士生导师，兼任中国高等教育学会语文教育专业委员会学术委员会主任、中国语文报刊协会写作教学专业委员会学术委员会名誉主任）

目 录
CONTENTS

第一章

CHAPTER 1

议论文写作的"思辨"

写好作文，第一步是审题。我们要根据题目所给的材料明确写作要求，根据写作情境，确立写作主体意识，分析写作任务，再组织材料、语言进行写作。可以说，紧扣写作指令是写好作文的最关键一步。

在具体的写作中，我们会碰到各种类型的作文题，其写作指令或隐或现，或明或晦，需要一一辨析。

一、主题式——"圈画"紧扣要旨

我们先来看一道作文题：

> 2020年高考成绩公布后，江苏省高考状元白湘菱因为两门选测科目中有一门是B+而无缘报考清北，引发舆论关注。据悉，北大、清华等高校对江苏考生两门选测科目等级提出的要求是双A+。此事之所以持续引发关注，主要还是缘于"状元不能上清北"。有人认为，北大、清华等校应该要"不拘一格降人才"，破格录取白湘菱；也有人认为，高考等级要求在江苏已经执行十多年了，若就此破格，就会背离高考的初衷，毕竟尊重规则才是最大的公平。
>
> 校评论社举行"高考录取究竟该不该破格"的主题征文活动。请结合以上材料写一篇文章，说说你的感受与思考。
>
> 要求：选好角度，确定立意，自拟标题；不要套作，不得抄袭；不得泄露个人信息；不少于800字。

在此我们无须多谈每一道作文题都会出现的常规化、常识性的"写作要求"，诸如确定立意、字数限制等，我们要谈的是"写作指令"。显然，这道作文题的引导材料是"白湘菱事件"，写作指令是以"高考录取究竟该不该破格"为主题写感受与思考，这种写作指令非常明显，审题时只要稍作圈画即可明确写作方向。

我们再来看看习作《规则需灵活》中的两个语段是否符合这个写作要求。

语段1 但更多的时候，规则并不是一成不变的，执行规则需灵活。自疫情以来，许多人发现坐公交变得烦琐，要戴口罩、看健康码等，而一些老人因为没有健康码或者不懂如何使用被拒乘。如若灵活变通规则，老人只要带上身份证就能坐车。这样的变通会让更多的人受益，惠及大众。这样的变通也会得到更多人的支持，规则不再像枷锁死死禁锢住人们。

语段2 有时灵活的规则也能让人感到一阵暖流，有网友晒出了一张"史上最温暖的"违停处罚单，上面写着"新年快乐，不做处罚！"。这张罚单更像是一张贺卡，让人不禁感叹"执法有度""执法有情"，让人们不再在阴霾中埋怨规则。

这两个语段分别从"老人坐车未必都要健康码"和"执法有情"的角度侧重谈"规则需灵活"。仔细审题，我们会发现这两个语段是不切题的，因为这个写作指令要求写作主要围绕"高考录取究竟该不该破格"的问题而展开，要求"就事论事"，不能大而扩之论及其他有关"规则"的社会现象。或者说，如果论及其他社会现象也只能作类比论证，其最终目的也是要回归到"高考录取"这一话题上来。

同样以"白湘菱事件"为写作引导材料，也可以用如下写作指令来命题：

①对此，你怎么看？

②对如何处理好"变通"与"规则"之间的关系，你怎么看？

如果是这样的指令，要求的是"就事论理"，上述两个语段就成了非常妥帖的论述。审题要在正确理解材料的基础上，突出对"现象"切中肯綮的具体分析，探寻其背后的价值意识、观念、情感态度。命题者给的材料（现象/事实/社会热点），往往只是触发我们思考、论述的"切入点"，需要我们综合概括，以更广大的视野格局来审题立意，做到既基于材料又高于材料，就事而论理。

二、限定式——"替换"狠抓隐含条件

有的作文题写作指令中隐含着行文必须遵循的前提条件、观照的社会语境等，它往往被置于写作指令的定语、状语中，审题时容易被忽略。相较于写作指令非常明确的作文题，同学们在这类隐含的题目的写作中往往容易离题。请大家仔细审一审以下三道作文题的写作指令，说出其隐含条件。

> 题1 罗伯特·勃朗宁说："无知不是无辜，而是有罪。"
>
> 索尔仁尼琴说："除了知情权以外，人也应该拥有不知情权，后者的价值要大得多。它意味着高尚的灵魂不必被那些废话和空谈充斥。"
>
> <u>处于信息社会的你</u>，对以上两句话有怎样的体验和思考？结合上述材料，写一篇文章。

> 题2 浙江大地，历史上孕育过务实、知行合一、经世致用等思想，今天又形成了"干在实处、走在前列、勇立潮头"的浙江精神。
>
> 在与时俱进的浙江文化滋养下，一代代浙江人书写了一个又一个浙江故事，创造了一个又一个浙江传奇。
>
> <u>作为浙江学子，站在人生新起点</u>，你有怎样的体验和思考？结合上述材料，写一篇文章。

题3 曾国藩曾讲过一个故事，两个挑重担的人相遇在南方农村狭窄的田埂上，谁都不愿意让路。这时候来了一个旁观者，自己跳到了水田里，对其中一位说，来，把担子交给我，我替你挑一会儿，你侧身过去。曾国藩总结说："天下事，在局外呐喊议论，总是无益，必须躬身入局，挺膺负责，乃有成事之可冀。"

意大利作家卡尔维诺在《树上的男爵》里塑造了一个生活在树上却始终热爱大地的人物形象，提出"因为想看清尘世，就应当同它保持必要的距离"。关怀则乱，当局者迷，置身事外，可以多一分自由超脱，于人于事，都大有裨益。

请你就"入乎其内"和"出乎其外"面向本校（统称"复兴中学"）同学写一篇演讲稿。

我们细辨上述作文题中的三句写作指令：

写作指令	替换明辨	限定要求
处于信息社会的你，对以上两句话有怎样的体验和思考？	你们对以上两句话有怎样的体验和思考？	"无知"一般是指没有知识、不懂道理。但"处于信息社会"这个定语指向的"无知"是信息社会中的"乌合之众"，表现的是道德绑架、键盘侠、网络暴力等行为
作为浙江学子，站在人生新起点，你有怎样的体验和思考？	作为社会中流砥柱的你有怎样的体验和思考？	重视时代和传统赋予当代浙江青年的责任。学子准备如何继承、发扬和践行这一精神，谱写自己的"浙江故事"等
面向本校同学写一篇演讲稿	面向社区老人写一篇演讲稿	要有强烈的对象意识、读者意识。"精准地"界定对象的"年龄""特点""身份"等信息，说理就有针对性。以"学子"或"老人"为对象的演讲内容显然具有特殊性，如果是"老人"，显然立意导向偏向于"出乎其外"

可见，作文题中这看似不重要的"写作指令"中的定语往往是写作的命脉所在，它限定了写作主体、对象特点、写作语境、社会时代特点等，我们需要狠抓隐含条件。从这个角度来说，作文题中的"宋体"的写作指令比"楷体"的引导材料更加重要。

三、隐含式——"添句"深挖关键词

材料作文侧重考查同学们分析问题、解决问题的能力，往往在审题上设置一定的障碍，不明确给出写作指令，需要同学们根据材料提炼中心思想，才能切题。如2020年高考题"互联网时代如何冲破信息茧房"（江苏）、"人对事物发展进程无能为力"（上海）和"家庭预期、社会角色和人生坐标"（浙江）等都属于这类作文题，需要同学们准确地提炼出材料的核心思想和价值导向。

我们以下面的作文题为例来研判其隐而不露的写作指令：

> 2016年六一节前夕，南京一位刘姓母亲涉嫌在超市偷盗一个鸡腿、几本书被抓，警察问询后得知，这位母亲想以此作为儿童节礼物送给自己的孩子。一时间，"最心酸的儿童节礼物"感动无数网友。随着刘女士的不幸遭遇被媒体陆续报道，短时间内网友的爱心募捐达到惊人的30万元。但与此同时，网友对于该事件表示质疑和批判的评论也超过10万条。
>
> 近年来，爱心救助屡屡遭遇尴尬，如果你是其中的一名网友，你是选择献爱心还是提出批评质疑？
>
> 对此，你有怎样的思考？请写一篇论述类的文章。

这道作文题的引导材料包含几件事：

母亲偷盗→警察抓盗→网友感动→媒体报道→网友募捐→网友质疑

这一连串事件阐明了现象发生的层层背景，但写作指令却在关键句"爱心救助屡屡遭遇尴尬"上，此句暗示材料中心——"爱心救助"属"情"的范畴，而"尴尬"则是"法"的角度，因而，这道作文题的关键——"情"与"法"，是立意的突破口，需要通过深挖这两个关键词的关系来写作。我们用"添句法"将其明晰化："对'情'与'法'的矛盾，你是怎么选择的？你有怎样的思考？"

还有一些名言材料、比喻性材料、含哲理的寓言材料或是矛盾性材料等，其写作指令更隐晦，需要明辨细思，需要一定的概括能力。要对综合材料"定性"，我们不妨自行在此类作文题的引导材料后添加一句"对'____'，你怎么看"，辨析其比喻义或把握其寓意来准确立意。

读写实践

1. 辨析下面这道作文题的写作指令，概括此公开信的立论角度。

阅读下面的材料，按要求作文。

近日，南京一位博士"虎爸"为了不让孩子"输在起跑线上"，经常教授7岁的儿子和5岁的女儿中学、大学的知识，让孩子学习文言文和高等数学，并要求孩子学习至深夜，还经常辱骂、贬低孩子，有时甚至出现殴打行为。最终，孩子妈妈无奈向法院求援，申请人身安全保护令，这才阻止了这位博士"虎爸"的激进做法。

这位博士"虎爸"的极端家庭教育方式令网友议论纷纷，请以这位"虎爸"的身份写一封公开信，回应网友的批评与质疑。

☀ 读写提示：

"回应网友的批评与质疑"中关注"我"的身份：一位拥有博士学位的父亲、丈夫。基于这样的身份去阐述教育的初衷和回应争议，坦白初衷，理性讨论，态度要诚恳，不能过激。其导向是承认自己做法的失误之处，而不能是"键盘侠，我不怕你们"的强硬无知，也不必是悔不当初痛哭流涕式的忏悔。

2. 下面这道作文题的写作指令没有导向性，它隐在作文题的引导材料里，请分析概括。

阅读下面的材料，根据要求作文。

最近，一位31岁的农民工陈直引发网络热议。因为他不仅阅读海德格尔的著作，今年还尝试翻译了理查德·波尔特的《海德格尔导论》。有人给他加油鼓劲；有人怀疑他作为农民工的研究水平；也有不少人关心他的生存处境，劝他投身现实生活更重要；还有人认为哲学是门"高冷"的学问，对普通人的生活没什么用处……

这件事引发了你怎样的思考和感悟？请写一篇文章。

☼ 读写提示：

日益细化的社会分工，让人们对很多身份产生了刻板印象。但读书不应该有太多的身份限制，农民工陈直打工、研读哲学、翻译《海德格尔导论》，正说明了每个人都有追求内心精神世界的权利。农民工陈直无论逆袭与否，知识本身就是目的，身份与职业不是阻碍。而阅读的好处就是消除偏见，超越阅读者自身经验和判断力的局限。

第 2 课　思辨审题　追寻逻辑起点

关于"思辨表达"，同学们在不同的写作语境中往往呈现出两种迥然不同的态势：如若是在贴吧、论坛或公众号上留言、发表观点，同学们往往会运用批判性思维，多元解读，质疑分析，阐述自己独到的见解；如若是面对一旦"思辨"就容易"离题"而失分的考场写作，同学们的身份变为考生时，便心生畏惧，思维受限，大多不加思索、不敢质疑。即便真正有思考力的同学，也会因"创见"的高风险而却步。

这种相悖表达的根本原因在于，我们需要厘清一个基本认知：作文命题诚然权威，但其观点并非无可辩驳，它是可以被合理地质疑、理性地分析的。优秀的作文题恰恰是会给同学们留出诸多思考空间的，是希望同学们能就着"这一个"材料、话题、观点等进行多维度、深入思考的。写作中对"扣题"的认知不能封闭僵化，命题者显然不会要求所有考生一个脑袋、一种思想，只写命题给出的"这一种"观点。近年来，作文大多要求同学们就某个具体现象或问题发表具体的意见和看法，考查的是同学们独立思考，有逻辑地表达自己观点的能力。

考场写作中，同学们面对一个命题——命题者借材料"隐隐"地透露出的观点时，往往是不加思索就开始"论证"，只择取与观点一致的素材，而有意避开、屏蔽不一致的材料。对此，孙绍振先生说："不能根据已有的观点来选择材料，因为选择意味着排除，排除了就不全面了。因而，论点要经过反思，材料要全面，至少是正面和反面一起考虑，进行具体分析。"①

如何对一个既定的"论点"进行反思？我们不妨从任何一种表达、观点、判断都是有其前提的来切入，从追寻梳理"逻辑起点"中学会思辨审题，在此提供以下三种策略。

一、观点前提：事实与观点

什么是逻辑的起点？什么是观点的前提？我们先通过一则爱因斯坦教导学生的小逸事来理解。

在某次课堂上，爱因斯坦问学生："有两位工人，修理老旧的烟囱，当他们从烟囱里爬出来的时候，一位很干净，另一位却满脸满身的煤灰。请问他们谁会去洗澡呢？"学生们的第一反应是："当然是那位满脸满身煤灰的工人去洗澡喽！"在爱因斯坦提醒学生们两位工人彼此看见对方此时的样子后，再问："谁会去洗澡？"学生们又改口说："是那位干净的工人跑去洗澡了。"但爱因斯坦最后说，这个答案是错的。两个人同时从老旧的烟囱里爬出来，怎么可能一个会是干净的，另一个会是脏的呢？②

我们通过这则逸事可以明确：既定的前提条件不正确，分析所得出的结论便毫无意义，甚至是错误的。这种不问"同一烟囱、同时出来，为何一个干净一个脏"的思维方式在我们的写作中比比皆是。在写作中，命题本身虽不至于错误，但其表达是可能存在一定疏漏的，或者是隐去了必要"条件"的，这就要求同学们在写作中一一剖析出来。

长期以来，我们对"对'×××说'……你怎么看"这类名言警句类作文命题有错误认知，同学们往往把名家名言、箴言当作"真理""常识""事实"来论证。而事实上，"×××说"表达的是其"观点"，而非"事实"，或者说，是一种价值判断的"应然"，而非事实判断的"实然"。

追寻逻辑起点，首先要做的是区分"事实"和"观点"。诸如"失败乃成功之母"（格言），"所谓无底深渊，下去，也是前程万里"（木心），"好看的皮囊太多，有趣的灵魂太少"（俗语）之类的名言警句并非公认的常识，而只是其个人的看法。它需要比较、推断、辨析、评估、论证、质疑，才能"证明"其合理性。学者徐贲说："任

① 李节. 作文教学的症结——孙绍振教授访谈 [J]. 语文建设，2011（11）.
② 王首程. 怎样做论文 [M]. 广州：广东高等教育出版社，2010：18.

何'想法'都不具有自动正确性,必须经过证明才获得正确性。证明也就是说服别人,清楚告诉别人为什么你的想法是正确的,理由是什么。想法必须加以证明,提供理由。"[①]我们以下面的作文题为例:

> 阅读下面的文字,根据要求作文。
>
> 如果你对一切错误关上了门,那么真理也会将你关在门外。(泰戈尔)
>
> 对此,你有什么看法?请写一篇不少800字的论述文。

面对此题,如果不追寻逻辑起点,不加思索,往往就是写"悦纳错误""拥抱错误""错误是真理必经之路"等论点。而事实上,我们要辨析出这句话并非"事实""公理",而是泰戈尔所持的一个观点,其成立有个大前提——尽可能不犯错,尤其不能犯致命性、原则性的错误,且"一切错误"中"低级""无知"的错误决然是无法抵达真理的。这才是我们作文中需要层层剖析出的"事实"。把这个认知作为行文思路中重要的一环,是写作者独立思考,表达"我的观点",体现思辨性的必要途径。

由此,我们可以明确思辨表达的要义之一——要清晰地追寻事理的根源,判断"观点"成立的前提。树立名言警句非"常识、事实"乃"观点"的正确认知,找到其逻辑起点。我们可以借助"问题支架"学会追问:

①这个观点成立吗?什么情况下不成立?

②必须有什么前提呢?少了这个前提会怎样?

唯有在对观点辩诘、评述的基础上,进行深刻立论,阐释概念,分析问题,再全面地进行论证,才叫"议论文"。

二、逻辑纰漏:质疑与批判

在相对特殊的应试写作中,我们自然不能全盘否定命题者的观点,以免离题。我们更反对成为当下舆论生态中钻牛角尖、抬杠式的"杠精"一族。但是,命题中的逻辑有时是存有纰漏的,基于对命题者所给材料范围内的合理质疑与批判,有效思辨表达还是要极力提倡的。我们先来看两个语段。

语段1 [2017年浙江高考作文:"人生三书"]

其实,这种三分法不尽合理,"心灵之书"本就属于"无字之书",对生活这本无字书的内省、自问,可以促进我们精神层面的品格养成。

语段2 [2018年浙江高考作文:"干在实处、走在前列、勇立潮头"的浙江精神]

当然,我们也要认识到——"干在实处、走在前列、勇立潮头"并非浙江独有,它其实也是当今傲立于世的所有中国人的突出精神。

[①] 徐贲. 讲理:学校的必修课 [J]. 教师博览:文摘版, 2016 (11).

这两个语段表达的可贵之处在于对命题本身的逻辑的质疑，发现了将"心灵之书"与"无字之书"并列的疏漏，发现了将"干在实处、走在前列、勇立潮头"归结为浙江独有精神的武断。但，这两个语段的出发点不是为反对而反对，语言表达相当"节制"，在很大程度上体现了"思辨"的精神——理性精神、逻辑思维、批判意识。其思考的基本范式如下。

思考路径：找到观点"隐含前提"的纰漏→质疑→节制地表达。

句式支架：其实，……/当然，我们要认识到……/无可否认的是……/不得不说……

本着命题本身可质疑的理念，循着这样的思考路径，我们能发现许多命题的逻辑起点的纰漏。

> 阅读下面材料，写一篇不少于 800 字的论述文。
>
> 有一名清华学子在某次活动上问毕业以后该去国企还是外企工作，一名点评嘉宾说："一个大学名校是干什么的？名校是镇国重器，名校培养你是为了让国家相信真理，不是用来找工作用的。一个名校生走到这里来，一没有胸怀天下，二没有改造国家的欲望，而在这问你该找个什么样的工作？你觉得你愧不愧对清华十多年的教育？"

乍听这位嘉宾的话句句在理，他强调清华学子不能功利至上，而应有家国情怀，可谓掷地有声、铿然作响。但，若基于逻辑起点来分析探究，我们就会发现，他立论隐含的前提是将"找工作"与"胸怀天下""改造国家的欲望（愿望）"相对立。显然，这种说法是值得商榷的，理想情怀下应该允许个体利益考量。更何况，点评嘉宾并不知晓这个求学多年的清华学子甫一毕业的要务是不是"谋生"，抑或他是一个家境贫寒的学子，其"国企""外企"之间更是未为不可。

认识到这一点，可以立论"家国情怀"的重要性，在行文中凸显自己的独立思考：

当然，我们要认识到，一个人的具体细致的工作跟他的家国情怀是不矛盾的，甚而我们可以说，恰恰是在努力勤勉的工作中体现了他改造国家的愿望。

我相信，每一个作文评判者都会为这样的思辨表达而喝彩，而不会认定其为"抬杠""离题"而横加挞伐。

三、思维误区：细究与审辨

有的作文命题会设置思维陷阱，需要我们针对材料进行具体分析与审辨，确立深刻立意。

> 阅读下面的文字，根据要求作文。
>
> 《华盛顿邮报》做了一次有趣的实验，邀请著名小提琴家约书亚·贝尔在早

上 8 点的地铁站卖艺。在 43 分钟的时间里，贝尔拉了 6 首名曲。其间共有 1097 人经过，只有 7 人驻足聆听，27 人给了钱，但多数是边走边扔给他的。而贝尔的演奏会，票价上百美元，并且总是座无虚席。

以上材料触发了你怎样的感悟与思考？

一般地，我们会确定"慢慢走，欣赏""名牌效应""伯乐与千里马"等常规的立意。确定常规立意后，若能追寻逻辑起点，更加全面地辨析这则材料，探寻其疏漏，会发现在"早上 8 点的地铁站"测试不尽合理：早上 8 点的地铁站都是赶着上班的人，一般来说是无心驻足欣赏演奏的。循上文所述的思考路径，若能在行文中提及："当然，我们不必苛责，在谋生与审美之间，在赶去上班与驻足欣赏之间，你我也会匆匆而过。"可以说，有这样独到的思考已然很是难得。

但这则材料还可以有"深刻的立意"，我们会发现：花得起上百美元购票听贝尔的演奏会的人，未必是挤地铁匆匆而过的人。发现这个思维的陷阱，绕开思维的误区，从这个角度思考，我们便有了迥异于他人的深刻立意：谋生与审美。

当然，当下命题中，更多的思维陷阱是隐喻式的格言、名言、箴言等，需要理性认知，发现陷阱，达成对"真理""事实""常识"的认识。上文已述，此处不再赘述。

从不同的视角立意，发出不同的声音，是很有价值的，这也是写作中我们孜孜以求的独特的思想、敏锐的见解、鞭辟入里的认识。恰如孙绍振先生所言："（高考作文）要有强大的竞争力，则应该在他人停止思考的地方，再多走一步，与命题中的社会生活实践联系起来。"[①]

特别值得注意的是，考场写作是各种"限制"下的些许"自由"，"多走一步"是有界限的，务必是基于话题本身的讨论、思考。

读写实践

1. 阅读下面这道作文题，用一句话概括题中三种观点的逻辑起点。

阅读下面的材料，根据要求写一篇不少于 800 字的文章。

高考临近，某中学为鼓励高三学生努力学习，在校园中张贴了大量内容各异的宣传标语，如"天王盖地虎，全考 985；宝塔镇河妖，全上 211""每天增一分，干掉千百人""考过高富帅，战胜官二代""只要学不死，就往死里学"等。这些标语引发了校内外各界人士的热议，有人认为这些标语的内容简洁有力，对学生是莫大的鼓励；有人认为这些标语的内容过于直白功利，会将学生的思想引入歧途；还有人认为学校的教育理念和方法出现了偏差……

① 孙绍振. 在二元对立和多元有序之间 [J]. 语文学习，2016（08）.

☀ 读写提示：

> 教育是为学生的终身发展，不能功利化、短视化。

2. 请辨析下面的名言警句成立的逻辑起点。

名言警句	隐含逻辑起点
一分耕耘，一分收获。（格言）	（1）_____
兼听则明，偏信则暗。（格言）	（2）_____
所谓无底深渊，下去，也是前程万里。（木心）	（3）_____

☀ 读写提示：

> （1）方向耕对（没有南辕北辙），方法耕对（没有拔苗助长）。
>
> （2）听者有胸怀，善辨别。
>
> （3）不甘堕落的人，"深渊"不是绝境。

第3课　思辨表达　假拟对方辩友，"左右互搏"

"左右互搏术"是金庸小说《射雕英雄传》中"老顽童"周伯通受困于桃花岛岩洞十五年里创造出的盖世武功。简单地说，它是临敌之时，"左手画方、右手画圆"，两手互备任意拳法分身双击，不局限于固定的套路，以一人之力，可发两人之威。

我们把它借用到思辨表达中，为的是形象地说明思辨表达的两个重要特质：一是对于批评、反驳的意见，不仅不能横加否定或盲目批驳，反而要通过合理的怀疑和理性的判断为其找到可能成立的理由，再进一步来表明自己的观点；二是思辨说理需要有层次和步骤，要层层深入，逻辑清晰地表达和说理。

具体地说，"左手画方"，即从宏大视野去评定其合理性，把他人可能有的观点、论证纳入进来，"右手画圆"意味着运用批判性思维谨慎地反思和创造，就具体事件具体分析时进行基于事实的反驳。其学理与学者董毓先生所倡导的"'正—反—正'式论证"一致，即对一个论点，既要考虑支持方（正）的论据，也要公平考虑反驳方（反）的论据，最后的结论（正）必须是建立在前面两者的综合之上的。[1]

---

① 易英华. 批判性思维教学：语文教育的范式转换——批判性思维专家董毓教授访谈 [J]，语文学习，2016（10）.

一、"左右互搏"：肯定之否定

对于生活中不尽合理或是有悖常理的现象、言论，如何避免情绪化的表达，以做出客观的评价呢？

譬如，巴黎圣母院遭焚，网友有诸如"烧得好！""这是不是当年英法联军火烧圆明园的报应？那真是'天道好轮回'！"等偏激的观点，对此，该怎么评价？如何避免劈头盖脸地指责"没有素质""太匪夷所思"？该怎样用"左右互搏"表达才是思辨的？

我们不妨先借鉴两篇时评（节选）的表述。

1. 任然《郑渊洁炮轰"童书进校"："借讲座卖书"吃相太难看》（《新京报》2019 年 4 月 20 日）

学校培养学生阅读兴趣，开展儿童作家进校园等活动，无可厚非。但到底是公益还是商业，边界得厘清。一些作家在中小学搞现场签名销售，甚至个别学校给学生下达购书任务，这显然就变了味。

若让这类操作在校园大行其道，不仅可能会令一些质量不佳的图书走"捷径"收割市场，造成"劣币驱逐良币"，也会加重家长和学生的负担，同时将学校或老师拖入"不当谋利"的漩涡之中。

2. 斯远《粉丝追星不能扰乱公共秩序》（《光明日报》2019 年 4 月 25 日）

粉丝追星，本来只是一种兴趣偏好，是个体情绪的外化形式。若保持适度克制，还能体现出明星与受众之间的良性互动。然而，这些年来，社会上的追星却越来越暴力、越来越变味。辍学追星者有之，企图自杀追星者亦有之，相比之下，把机场的玻璃挤碎一地的，似乎还算不上最激烈的行为。

在这两则时评中，为使人相信、接受自己的观点和结论，作者在论述的过程中首先"左手画方"，充分、理性地肯定这些行为本身存有的一定的合理性，再用"但""然而"转而建立和发展自己的观点。在对作家进校园、粉丝追星进行肯定的基础上，转而表达进校园谋利、暴力追星的不当。显然，"右手画圆"是其重心所在，补充、修改、完善了自己的观点，这种以退为进的组合是更加具有说服力的论证。

借鉴这样的思考路径，那么即便是面对那些叫嚣"巴黎圣母院烧得好"的言论，我们也可以理性地表达为："这样的过激表达在某种程度上是可以理解的，他们基于当年八国联军的烧掳而饱有爱国情怀，只是这种所谓的情怀未免太过狭隘。"

我们套用辩证法"否定之否定规律"来分析这种思维路径。

"接纳异见"：肯定（正）—[否定（反）]—肯定（正）

具体来说，对现象、事件的存在不是简单地加以否定，而是肯定其在某种意义上存在一定的合理性，接着又对其加以否定，最终"肯定"——提出自己的观点。以全面、周全的说理，构成说理的由表及里的过程。

我们越来越认识到，思辨表达的核心思维——批判性思维，虽名为"批判"，但却不是字面上的"批"和"判"，而是以开放的心态从不同角度阐发观点，理性地看待、接纳异见。

二、"左手画方"：否定之肯定

面对"非常态"的现象、事件，人们的话语生态往往容易陷入情绪化的"怒怼""互撕"，容易站在道德制高点评判是非对错。

而思辨表达首先要做到避免情绪化，要从事实出发，而不是从"观念""立场""主义"出发，不能轻易下结论。因而必须高扬的大旗是"共情"，尽可能平心静气地从某一角度、视角出发去理解它、肯定它。

以此为基点，我们在讨论、表达自己的观点的时候，反倒要先"左手画方"，即首先要"肯定"——积极寻找现象、观点中可以"肯定"的某一方面，试图找到与此论有关的前提、初衷、目的、心态等值得肯定之处。试想：

①其前提值得肯定吗？

②其出发点、初衷有可肯定的吗？

③其目的是什么？其心态可以理解吗？

④如果我是当事人我也会这样？我是否太情绪化了？

譬如，"重庆公交坠江事件"中，即便对因错过一站拿出了手机砸向司机而致使全车乘客错过余生的女乘客，亦不能骂她"泼妇""人渣"，在表达她确是这场悲剧的始作俑者，批判她对"规则""责任""公众利益"的漠视之前，还要设身处地地考虑她错过站点的焦灼心理在某种程度上是可以理解的。

要做到这点异常困难，因为人的思维受其价值观、传统、情感、信念、态度、经验、身份、学识的影响，每一个人的认识各有囿限，难免带来偏颇，甚至错误的认识，极易陷入主观主义、经验主义误区。我们经常调侃"贫穷限制了一个人的想象力"，殊不知"富贵也会限制一个人的想象力"，从"何不食肉糜"到"小目标是一个亿"，比比皆是。故而，避免因自己的喜好而产生"注意力陷阱"，以"同理心"和"共情"设身处地地站在他人角度思考，才能发乎情、合乎理地表达。

坚守理性的前提是虚怀若谷地谦逊接纳，当然，"纳入"思考范围，不代表"接纳"观点。原来的论点是错误的、有缺点的，就应该明确地加以否定。但，更多的时候，要否定或肯定某一观点恰恰不是盲目的、简单的，而是在多元角度、多维思考中有选择地"扬"一点而"弃"全面，或"弃"一点而"扬"全局。

三、"右手画圆"：再肯定（提出观点）

在上述核实、评估异见的基础上，思辨性表达进入"我认为"阶段，即在"我核实事实"的基础上建立和发展自己的观点和论证——"我说……""我这么说的理由是……""如何解决此类问题"等。

显然，"我说"都不具有天然的正确性，必须提供理由，经过证明才能获得正确性。证明即具体阐释、分析以说服别人。这就要求在表达中积极地追问、合理地质疑，不仅向外怀疑，还要向内合理地怀疑自己。必须强调的是，这不是为了怀疑而怀疑的全盘否定的"怀疑主义"。"怀疑是为了相信"，是以怀疑、质疑来实现更有信服力的表达：

①某一现象、事件背后的事实、真相是什么？

②我是否太倾向自己的价值取向了？

③支持我观点的理据是否充分、合理？

在这样的层层追问中，质疑援理。比如，引爆舆论的"10岁女童举吊瓶参观衡水中学"事件引来了几乎一边倒的抨击。对此事我们要思辨地表达观点，在理解、体谅这位"狼爸"希望孩子有文化，"让孩子感受氛围"的初衷之后，要鲜明地提出自己的观点，故有如下表达：

"望子成龙、望女成凤"是每个父母的热切期望，希望孩子能接受优质的教育，是极为普遍的心态，也是可以被理解的心态，大多数父母都对这位父亲的做法"心有戚戚"。但是，在让孩子代偿家长心愿的心结作用下，罔顾孩子高烧的身体状况也要让她来参观，这，无疑是种病态心理。

这个阶段对表达者提出了更高的要求，在肯定、接纳不同观点，或承认既有事实的某些方面存在一定合理性的基础上（如家长让10岁女童举吊瓶参观名校的心态是可以理解的），分析其成因，再在此基础上，明确这种做法的错误，借以发展自己的观点和论证——真正的教育应该走向何方。补全、修正、改进原来的论点和论证，厘清自己的观点、论证、结论之间的逻辑关系。

学者徐贲曾提出："公共话语逻辑和说理不只是一种知识，更是一种习惯。"[①]谨慎和谦虚的态度，"'正—反—正'式论证"的思考支架，"左手画方、右手画圆"的思辨策略，应该成为我们的一种思辨品质以及文明讨论的习惯。我们要秉持公正、自省、开放的意识，谨慎、客观、具体地说理，做到逻辑自洽、理性周全。

---

① 徐贲. 明亮的对话：公共说理十八讲 [M]. 北京：中信出版社，2014：前言.

○ 读写实践 ○

请用"左右互搏"的思辨表达方法写一段文字，评述下列现象。

"林黛玉发疯文学"由"发疯文学"衍生而来，泛指模仿《红楼梦》中林黛玉说话风格的一种互联网话术，属于"仿拟"修辞，是一种"说话"或者"造句"方式。其语言温柔中透着戏谑，嘲讽中带点癫狂，自带一分可怜两分柔弱三分讥诮四分气恼的气质，大部分改编自《红楼梦》里林黛玉的经典语录，在互联网语境下可以用来委婉地发表意见，体面地抒发不满。原本逻辑混乱、语言粗鄙的"发疯文学"，经过"林黛玉化"之后，文学性和实用性都有了明显提升，并且自带林妹妹怼人时的才情和娇嗔，更加适用于当下各种社交场合。一时间"林黛玉发疯文学"迅速走红网络，成为互联网"梗文化"的又一次狂欢。

☀ 读写提示：

> 作为互联网语境下的一种文化现象，"林黛玉发疯文学"利弊共存。我们应该有充足的文化自信和娱乐精神，对"梗文化"多一点包容和理解；但更重要的是应给予经典文学作品和汉语文化足够的尊重和敬畏，关键是要将注意力从"文学梗"转移到经典文学上来，用热点文化现象为经典文学作品引流。

第4课 基础立意 切莫迎合，适时"唱反调"

议论文写作首要立意，即面对一则作文题的材料，我们要"细读"、理解作文题所呈现的材料，筛选其中信息、概括要点、审清题意，再构思设想，确立行文的主题、宗旨。古人说，"意犹帅也"，是指"意"是一篇文章的灵魂，最能体现写作者的情感、态度和价值观，是选材、构思、表达的基础依据。

对于审题立意，很多同学最大的忧虑是跑题、偏题、离题，因而"唯命题材料是瞻"，这样的做法常使立意庸常、肤浅，在考场写作中，这种立意因为"千人一面""万文同旨"而很难出彩。

很多同学或许会觉得"见解深刻""独立思考""观点新颖"在"戴着镣铐跳舞"、给出限制性材料的命题作文中是个"伪命题"。其实不然，"细读"命题材料的我们不是一个被动的文本阅读者、命题者观点的无条件接受者，而是一个以自我的价值判断积极介入的独立思想者。从这个意义上来说，"唱反调"当然是需要的，它是思辨的利器，也是议论文写作主要考查的方向。这节课我们一起来学习如何读懂材料，如何克服模糊、庸常的立意，追求深刻、新颖的立意。

一、命题的思维陷阱：探究"……"隐藏的内蕴

看似"自定文题""自选文体"的"自由"命题，其实也有很大的限定性，会设置许多有待思考、挖掘的"坑"，让认知浅薄的同学掉坑，也让有思维品质的同学脱颖而出。这种命题方式套用一句网络用语就是"我走过最长的路，是命题老师的套路"。这种作文题，特别需要同学们慎之又慎地读懂材料。

我们一起来看下面两道作文题，看看命题材料有哪些思维的陷阱。

> 阅读下面的材料，按要求作文。
>
> 近日，南京一位博士"虎爸"为了不让孩子"输在起跑线上"，经常教授 7 岁的儿子和 5 岁的女儿中学、大学的知识，让孩子学习文言文和高等数学，并要求孩子学习至深夜，还经常辱骂、贬低孩子，有时甚至出现殴打行为。最终，孩子妈妈无奈向法院求援，申请人身安全保护令，这才阻止了这位博士"虎爸"的激进做法。
>
> 这位博士"虎爸"的极端家庭教育方式令网友议论纷纷，请以这位"虎爸"的身份写一封公开信，回应网友的批评与质疑。

此题，有些同学的立意为"内卷时代，内卷是应对内卷最好的方法""告诫全体父母，占领教育高地""成人不自在"等，这位博士"虎爸"在公开信中的态度是不道歉、不忏悔、拒不认错，并以网友不懂教育为由，写不怕"键盘侠"等内容。

这样的立意是典型的"三观不正"，观点错误，无论如何论证，都会顾此失彼、漏洞百出，自然也就离题万里。在现实生活中，这位博士"虎爸"或许真的会在网上以这样的内容回"怼"网友，但作为公共说理的议论文写作，弘扬正确的价值观是每篇作文立意的基本要求。

这道题的写作指令中其实隐藏了信息，应该是"请以这位（……的）'虎爸'的身份写一封公开信，回应网友的批评与质疑"。命题者之所以没有给出明示，就是要考查我们的思考能力。这位博士"虎爸"的角色设定应该是一位（态度诚恳）（坦白初衷）（深悔犯错）的父亲、丈夫（家庭身份）、拥有博士学位的人（社会身份）。命题指向的是在"鸡娃"盛行的当下，应该如何正确对待类似家庭教育的怪象，正确立意应是"高知不能无知""给孩子没有压力的幸福童年""倡导符合孩童认知规律的教育"等。

> 阅读下面的材料，按要求作文。
>
> 近年来，围绕中小学教师是否应享有教育惩戒权，社会各界多有争议，《中

小学教育惩戒规则（试行）》于2020年底正式颁布，以规章的形式赋予并明确了中小学教师教育惩戒权。立法赋予教师惩戒学生的权利，这在国内尚属首次，引发社会各界热议，有人认为惩戒是教育的必要手段，也有人认为惩戒违背教育规律，还有人认为惩戒是把双刃剑，看你怎么用……

此类命题的大致样式：

[某一现象]有人（A）认为……，也有人（B）认为……，还有人（C）认为……，对此，你怎么看？

许多同学或许想命题中要是没有"还有人（C）认为……双刃剑""有利也有弊"该多好，自己就可以独出此类新见，可命题者已经把可能的观点都给出来了，立意的套路便成了：

①捧一个踩死一个

②抓一个忽略一个

③折中式：有利也有弊

由此，很多同学便选择"双刃剑""两者兼顾""有利也有弊""二者并重"，而阅卷者的所见则是满屏的没有个人观点和立场的"乡愿"。作为独立个体要展示独立思考的能力，恰恰要跳过命题材料所列的三种观点，不选择其一，不折中，选择"……"中可能的观点来立意，对现象生发自己独到的见解。

这道作文题所呈现的"惩戒"是教育的方式、方法，教育惩戒不是惩罚，而是教育的一种方式。本着不"就事论事"而要"就事论理"的原则，其立意指向的是"教"和"育"，即探讨如何"全人""成人"，探讨教育惩戒立规矩是对师生的双向保护，能推动教育工作健康发展。

可见要精准立意，读命题材料时除了要读到显性的信息，更要读到隐性的导向，抓住材料的本质深入思考，合理地发表自己的看法。

二、迎合式立意：代言要不得

迎合式立意是指在议论文写作中一味地循着"命题者你说得对，我接下来印证给你看"的思路来立意。因为生怕"偏题""离题"，便摒弃自己的思考，对命题者所给的材料或者话题亦步亦趋，成了命题者的"传声筒""代言人"。

阅读下面的材料，根据要求作文。

讲述敦煌研究者与莫高窟故事的七集系列视频《一事一生　一人一窟》于近期播出，一代代敦煌人择一事、终一生，将一生的热情投射在洞窟之中；63岁的阿木爷爷从13岁起学习木匠手艺，凭一双巧手把寻常木头打造成各种精巧工艺品；

故宫的文物修复师耗时几年甚至几十年临摹一幅画，把碎成100多片的青铜器拼接完整……

当今社会日新月异、飞速发展，作为新时代的青年，你赞成"择一事，终一生"的人生选择吗？请你写一篇不少于800字的发言稿，在班会上谈谈你的感触和思考。

对此题，各位同学不妨静思三分钟，写下你的立意。

大多数同学是不是立意为"工匠精神""执着坚守""择一事，终一生"？

请问，"择多事，终一生"或者"做个斜杠青年"离题吗？

为了弄清楚这个问题，我们再来看一看这道题目中容易被大家忽略的关键信息：

当今社会日新月异、飞速发展，作为新时代的青年，你赞成"择一事，终一生"的人生选择吗？

显然，这道作文题中的引导材料有明确的导向性，其所列的敦煌人、阿木爷爷、故宫的文物修复师都共同指向"择一事，终一生"，很多同学由此便立意"择一事，终一生"，但引导材料并不是审题的全部，我们应该更加仔细地研读写作指令部分。且不说"你赞成……吗"此句所留下的反向思考空间，单这个写作指令中的前两句也隐含了一个"大机密"，如果没有注意到这个隐含信息，立意就难免片面化、肤浅化。我们把写作指令与引导材料的逻辑关系明晰化：

（但／然而）当今社会日新月异、飞速发展，作为新时代的青年，你赞成"择一事，终一生"的人生选择吗？

由此看来，"择一事，终一生"的立意自然可以，但"择多事，终一生"或"择一事，终一时"也是正确的立意。若不看具体论证过程，单看立意其实已经有高下之分。如果选"择一事，终一生"，立意是浅层而片面的，它无视"一生""择""事""时"之间的内在矛盾性和复杂性，呈现的是"绝对化"的线性思维或平面思维，比如"一生只一事，一事过一生""潜心一事，执着终生""一生尽一事，一事终一生"等都是迎合式肤浅立意。而如果立意为"'择'的关键是铸造自己成'器'"，或"择何事，皆为一生尽吾志"等却是以"意"直接取胜的范例。这种能力的培养非一日之功，需要同学们注重求异思维、发散思维品质，学会独立思考并表达自己的观点。

阅读下面的文字，根据要求作文。

如果你对一切错误关上了门，那么真理也会将你关在门外。（泰戈尔）

一着不慎，满盘皆输。（成语）

综合上述材料，你有什么所思所感？请写一篇文章，可以讲述故事，抒发感情，也可以发表议论。

对此题一味迎合可能会出现怎样可笑的立意呢？可能会有"坚持错误""拥抱错

误"，可能会有"错误真好，感谢错误"，也可能会有"越错越精彩"等立意。真可谓以掩耳盗铃为正道。也有的同学只抓住一则材料来立意，完全不考虑另一则材料；或者是把另一则材料作为否定的对象，"错误往往能够引导人探索真理，'一着不慎，满盘皆输'的说法危言耸听，妨碍人们前进"，对命题材料的认知简单、肤浅、偏执。

"综合上述材料"，需要在两则材料间建立逻辑关系，要分析"错误"的两种类型：有一些错误是尝试过程中难以避免的，这些错误甚至是寻求真理、获取成功的必要条件；也有一些错误是需要竭力避免的，对全局具有决定意义，一旦处理不当，就会导致崩盘。因而其正确立意是"悦纳错误，不惮于犯错误""直面错误，少犯错误"等。

唯有破除"命题者云我亦云"的立意思路，唯有厘清事实、辩证分析，才能提出新见解，引发新议论。

三、立意深刻：珍视与"主观点"不一致的论点

上海高考语文评卷中心组组长、华东师范大学中文系教授周宏曾说："平视、俯视，甚至藐视题目，支持、补充，乃至反对命题者的观点，所谓源于命题材料，高于命题材料。这才是折桂而归的正路。"[①]作文考查的是学生的思辨能力，限定范围内的独立思考能力，不需要人云亦云的"跟风者""应声虫"。我们把精准符合命题导向的立意称为"主观点"，在确立立意准确和正确的"主观点"的基础上，再追求深刻、有创见。而深刻且有创见的途径之一就是要珍视与主观点不一致的论点。如果在议论文立意中只去联想与主观点相一致的论点和例子，以达到所谓的"中心明确、主旨突出"，这样的立意，是固定的、僵化的、肤浅的，甚至是有悖常识的。

> 阅读下面的材料，根据要求作文。
> 莫言说："文学和科学相比较确实没有什么用处。但是它的没有用处正是它伟大的用处。"
> 庄子说："人皆知有用之用，而莫知无用之用也。"
> 乔布斯说："我愿意用我所有的科技，去换取和苏格拉底相处的一个下午。"
> 综合上述材料，你有什么所思所感？请写一篇文章，谈谈你的看法。

上面三句话共同指向"无用之用""文史哲的伟大用处"，这显然是立意的大方向。如果单立意为哲学如何引导人类走出思想的迷宫，文学如何引领人们走向精神高地，是不是罔顾最基本的常识——科技推动人类的进步发展。珍视与主观点不一致的论点，就是在承认"科技大用"的基础上，再谈"无用之用"，深入分析"有用"与"无用"之间的各种可能。

---

① 周宏. 高考作文：立意比审题更重要 [J]. 中文自修，2015（07）.

阅读下面的材料，根据要求作文。

在生活中，总有人为自己某次失败的经历沮丧不已，为人生中无法弥补的缺憾扼腕痛惜。但也有人认为，人的一生由无数次经历构成，抽去人生中的任何一次经历，你都不再是你自己。

对此，你有怎样的体验与思考？请写一篇文章，谈谈自己的看法。

立意的深刻和新颖有赖于独立思考评判事物的能力。请大家思考，与此题主观点不一致的论点有哪些？

①每次失败的经历都会让人沮丧不已吗？

②失败的经历真的都会让"你成为自己"吗？

我们一起来看看下面这篇下水文《穿过暴风雨，成为不一样的自己》（节选）是如何立意的。

显然，我们推崇的是后者"生而有为"的积极人生态度。没有经历"黄州惠州儋州"的苏轼，未必会是"千古风流人物"；没有经历过巨石压住右臂而自断手臂的阿伦·罗斯顿，亦不过是千千万万普通的美国青年中的一员；没有经历过呕心沥血之作丢失之痛的华罗庚，也必不会痛定思痛、再登高峰写就《堆垒素数论》……我们可以盛赞其力和美，却不可以忘却"跌到谷底反弹"的高度，恰恰取决于其沮丧、痛心、懊悔、自责这种舔舐伤口般的情绪和行为，从某种意义上来说，是自省，是反思，是冯友兰所说的"觉解"，它们让失败成为"经历"，让"经历"成就"自己"。

这样说来，我们就要心灵鸡汤式的感谢缺憾，感谢挫败了吗？就要鄙夷"生而为人，我很抱歉"的为人者了吗？我们不妨以最近武汉掌掴儿子两个耳光而致其跳楼身亡的母亲为例，这样的无法弥补的"痛不欲生"或"生而愈痛"，足以击垮和压倒这位母亲，这又如何能说"经历不能抽取，经历使你成为你"？

可见，重要的是怎样面对失败的经历，唯有如此，我们才能够理直气壮地用尼采的话来给人和人所经历的一切下一个定义："人之所以伟大，乃在于他是桥梁而不是目的。"

此文立意的高妙之处在于既总体肯定让失败成为"经历"，让"经历"成就"自己"，又从对立面寻找被忽略的反例，以例子明证"经历使自己不再是自己"。寻找被忽略的漏洞，勇于反驳自己的初步立论，然后修正、完善初始论点，最后顺势归结文章的主旨——"重要的是怎样面对失败经历"。

须知，强调"有独到深刻的见解"，不是不顾材料的标新立异，而是要均衡命题的导向性与自我的观点，形成自我的创见。

📌 **敲黑板：**

（1）读题要读全，明晰引导材料的指向性和写作指令的限定性。

（2）不要一味地"迎合"命题中"似是而非"的观点。

（3）深刻立意要在命题的导向性与自我的观点之间找平衡。

（4）"独抒新见"是议论文写作的精髓。

读写实践

1. 阅读下面这道作文题，列出可能的迎合式立意，再写出深刻立意。

阅读下面的文字，根据要求作文。

2015 年，《清明上河图》在故宫博物院举办特展，每天观者如潮，以致出现了上千人"赛跑"的场景，一个新词"故宫跑"应运而生。在回顾 2017 年文化现象时，人们发现"故宫跑"成为一种常态，从"大英博物馆百物展"到《千里江山图》特展，从柏林爱乐乐团的演出到北京人艺的《窝头会馆》，引发了一轮又一轮的排队热潮，甚至有参观者排了 5 小时队，却只观看了 5 分钟。

对此你有什么思考？写一篇文章，对材料中的现象加以评说。

☀ **读写提示：**

> 迎合式立意：盲目跟从不可取 / 跟风"文化热"。
>
> 深刻立意：关于"文化热"的"冷思考"。（对精神生活的关注正成为一种火热的社会风尚，"有参观者排了 5 小时队，却只观看了 5 分钟"足以说明民众追捧的热情和对文化的诉求，这一现象让人欣慰；"只观看了 5 分钟"说明观众井喷的文化热情仍未被妥善安放，没有被充分地满足，优质文化产品的供给力度距满足群众需求仍有差距，办展方要致力于让每个观众都能真正地亲近文化。）

2. 阅读下面这道作文题，写出你确立的深刻立意。

阅读下面的文字，根据要求作文。

又是一年录取季。今年，众多高校在录取通知书上做了不少功课。"最书香""最科技""最惊艳"的通知书纷纷闪亮登场……

又有人说，国外许多顶尖高校的录取通知书走的都是简约朴素风，如哈佛大学、牛津大学、斯坦福大学……都不把心思花在录取通知书的设计上。

看了以上材料后，你有怎样的思考与感悟？结合上述材料，写一篇文章。

☀ 读写提示：

（1）生活需要仪式感。

（2）彰显文化特色，弘扬大学精神。

（3）折射治学态度，凝结育人理念。

（4）文化自信。

第5课 深刻立意 "沉浸式"钻探，再多走一步

在议论文写作中，深刻性的思维品质集中表现为能深入地思考问题、抓住事物的规律和本质、预见事物发展的进程等。在具体的写作要求中，提倡同学们在行文中要有自己独立的思考，有独到新颖的见解。孙绍振先生曾指出："（高考作文）要有强大的竞争力，则应该在他人停止思考的地方，再多走一步，与命题中的社会生活实践联系起来。"[①] 如何"再多走一步"？"再多走一步"的界限在哪里？

一、"原地不动"的思维现状："站队"与"折中"

当下同学们在议论文写作中表现出两种典型的思维模式。

1."站队"

现行的诸多作文命题中都有一种比较普遍的形式，即先呈现某一现象，再提供两至三种不同看法，最后问"对此，你怎么看"。其命题样式为：

［某一现象］有人（A）认为……，也有人（B）认为……，还有人（C）认为……，对此，你怎么看？

类似的作文题还有"你是不是会……""你觉得值不值……"等，对于此类作文题的立意，同学们在审题时往往受限于命题者所给的思路，选择其中一个观点——或A或B或C所持的观点来"快速站队"："捧一踩一"或"抓一略一"，即在命题者所提供的几种观点中，倚重一方观点，"挑"一种符合自己心意的、自己有素材可写的观点，而忽略屏蔽或反对驳斥另一种观点，形成一种看似"自圆其说"实则"自以为是"的"认知闭环"，这无异于自找"一叶"来"障目"。

2."折中"

面对诸多相互抵牾的"矛盾式"命题、对立型论述，如"执着与变通""动机论

---

① 孙绍振．在二元对立和多元有序之间 [J]．语文学习，2016（08）．

与结果论""一切都会过去和一切都不会过去"等，同学们多"折中"立意，如"两者兼顾""双刃剑""有利也有弊""二者并重""既……，又……"等。在具体行文中往往表现为掐头、去尾、除衔接段之后，矛盾的正反两面各写 350 字的均衡用墨。实质上，这种行文相当于没有自己的观点。这种由两种截然不同的二元对立观点组成的命题，如果是分类辨析"折中"倒也未为不可，但若是无原则"调和"，没有观点、没有原则地"各打五十大板""脚踩两只船""和稀泥"，却是典型的论点褊狭、片面，失却了写作者应有的辨别是非、善恶、美丑的能力。

这两种思维模式出现的原因有二：一是受作文评价所限，考场写作顾虑跑题、离题而致失分；二是受写作理念所限，对一再强调的"扣题"的理解过于狭隘，有的同学甚至把"扣题"理解为无限贴合命题者的观点，一再地出现"关键词"。行文思维往往表现为"原地不动"——以命题呈现出的观点作为自己的观点，不敢向前"多走半步"，更不用说"多走一步"。

在这样的思考路径之下，文章高下区分仅在于所列举的材料的不同。

要改变这种现状，首先需厘清议论文写作的根本理念，"多走一步"，有自己的见解、观点；其次需跟进对作文评价的认识，有想法、有思考的作文能受青睐、得高分。

二、"再多走一步"的思维品质：深刻性与独创性

事实上，议论文写作指令中的"对此，你怎么看"是非常重要的信息，它呈现并肃清了议论文的两个常识：

其一，"对此"，即观点的生发必须由"此"中来，写作基于作文命题，尊重材料，是所有写作者要面对的"同"，要有整合各类不同信息的能力，展现系统性的思维品质。

其二，"你怎么看"，每个写作者都可以有迥异于命题中所列的 A、B、C 观点的创见，"我有我的主张""我有我的见解"，每个同学自己的思考都可以"大放异彩"，展现思维品质的深刻性与独创性。

面对命题材料的"同"，每个同学作为独立的写作者要展现的是独立思考的"异"，在"同"里求"异"，但"异"基于"同"，此之谓"扣题""切题"。在扣题的基础上提倡"再多走一步"，就是弃绝"站队"与"折中"，走向"调和"——在矛盾中求适度的多元统一，抓住材料的本质深入思考，合理地发表"自己的"看法。这也是高考语文作文等级评分标准"发展等级"中要求的立意上"有创新"。其具体的思考路径为：

①跳出所呈的现象。不"就事论事"，而要"就事论理"，探寻命题所关涉的普遍性的价值观念。

②撇开所列的观点。不选择其一，不折中，对现象有自己独到的见解。

我们来看一道作文命题及其表达范例：

> 阅读下面的文字，根据要求作文。
>
> 关于是否恢复使用繁体字，近年来引起了广泛的热议。繁体字的支持者说，汉字承载着人的情感，不能再让"爱无心、亲不见、乡无郎"了。简体字的支持者则认为做到"识繁写简"和"用简识繁"即可。
>
> 对此，你怎么看？请自定角度，自行立意，自拟题目，写一篇不少于800字的议论文。

"繁简之争"由来已久，从周有光和季羡林的"世纪之争"到近年的政协委员提案，它一再成为公共话题。面对这样一道作文命题，同学们一般会认同"识繁写简""用简识繁"的"坚持用简体字"观点，再分析诸如简体字书写方便、快捷、适应时代发展等原因来支持自己的观点。这样"原地不动"的行文浅拙平庸，如何"再多走一步"？我们来看两篇不同时期的时评文（节选）。

1. 南帆《我们要向古人学习什么？》（《文汇报》2015年5月8日）

我不想纠缠每一个字的简化方案，也不想谈论隶书之后诸种字体性质各异的简化特征，我真正感兴趣的问题是：那些专家为什么未能察觉文字史内部如此明显的演变倾向——为什么未能察觉，恢复繁体汉字恰恰与古人的理念背道而驰？祖先留下的文化遗产究竟是什么？……这些财富的内容如此丰富，以至于许多人常常遗忘了最为重要的一笔——古人的创新精神。

2. 周俊生《繁体字可以留给爱好者就好，真正值得关注的其实是"提笔忘字"》（《南方都市报》2019年12月10日）

与其执着于恢复繁体字，倒不如呼吁中小学加强写字教育，最简单的就是在中小学减少电脑的使用，把同学们拉回到书桌上来，一笔一画地把汉字写好。这是社会在进入智能时代以后，对于汉字所承载的文化意蕴的更重要传承。通过这样的教育，即使中小学生走出校门后终将转移到智能书写，他也可以因为文字书写基本功的扎实掌握，而更好地立足于未来的社会。

这两篇不同时期的时评文的立意都不囿于"繁""简"。在前文大力论述"繁简"的基础上，第一篇文章探寻书写"繁体字"背后深刻的文化意蕴，即传承文化，尤其要传承"古人的创新精神"。第二篇文章凸显的是智能书写背景下切勿"提笔忘字"的现实关怀。

这两篇文章都是基于"同"而求"异"，是"再多走一步"的典范，在充分论述原材料的基础上，运用批判与发现的能力，体现"再多走一步，与命题中的社会生活实践联系起来"的写作精神，探寻命题所关涉现象背后的普遍性的价值观念。这样的文章有严密的层次感和逻辑性，体现了可贵的理性思维。

在高考优秀作文中，典型如 2015 年浙江省高考满分作文《且以作品论英雄》，并未选择"文如其人""文未必如其人"其中的一个观点作为自己的观点，也没有"调和"二者，而是不囿于原见，表达了"作者终将逝去，其人品也会销蚀不见，但一旦其作品高雅，便足以光照千古……人品须臾如苍狗，应以作品论英雄"的观点，这种阐发自己的观点、体现个体思维深刻性和独创性的文章令人叹赏。

三、"再多走一步"的思维限制：系统性和逻辑性

值得特别注意的是，考场写作是各种"限制"下的些许"自由"，"再多走一步"是有界限的，不能"走远""走偏"，不是另起炉灶，不是"弃材料而言他"的胡诌，不是"假大空"的升华，而是基于命题本身的讨论、思考，讲求思维的系统性和逻辑性。

体现思维系统性和逻辑性的命脉在于——具体分析。在对命题材料切中肯綮、鞭辟入里地具体分析的基础上生发议论，抵及事理、本质。如何"再多走一步"？我们提供几种典型的策略。

1. 由此及彼：由现象而论"事理"

全面把握材料，归类其现象，要求"由点及面""由此及彼""由个而类"，探寻其背后的价值意识、观念、情感态度等，关注事件背后的社会问题的心理、价值观等，拓展文章的思想深度。

2. 由表及里：由表象而论"本质"

由表及里可以从几个维度来建立联系："自我与他者""私人与公共""浅尝与深入""人情与法理""个体与群体""物质与精神""肉身与灵魂""现实与理想"等。

3. 由今往古：动态审视中的追古溯今

动态审视，即用发展的观点来审视命题的材料和观点，认识到其是运动、变化和发展的，需要我们合理溯源推今，揣度其在古代可能的样式、原因，预见其在未来的发展样貌、进程，等等。

4. 由此联今：时代语境中的现实关怀

联系现实实际就是关注社会、关注自我，体现"时代语境"的现实关怀。把命题置于社会现实语境中去考量，要选择与当下社会相关的内容，包括社会热点、文化现象、民族精神、传统思想等；或选择与切身利益相关的内容，如个体如何对待荣辱得失、

个人价值的实现、理性精神的培养、悲悯情怀的孕育、良知的坚守等。可以说，议论文写作的出发点和终结点都是尝试解决现实中遇到的问题。讨论某一话题，归根结底是为了更好地做一个现代人。

5. 多元统一：探寻普遍性的价值观念

对"矛盾式""对立型"命题，只写一个角度显然有悖命题的考查本意，有违作文测评选拔人才的初衷。因为，凡是这种类型的命题，考查的都是同学们的理性思辨能力，要求学生将两个对立观点在矛盾中统一起来，典型如近几年的上海高考题"穿越沙漠的限制与自由""自身需要与被需要""事实与看法"等，类似的对立统一需要一种大局观，需要抽象概括、比较思辨等思维，从两相对立的材料中建立自我逻辑的立足点，看清现象后做理性决断，在矛盾中找突破点，形成深刻新颖的"自我观点"。而完成自我的精神建构，必须关涉精神价值和理念层面，探寻普遍性的价值观念。

余党绪老师在《说理与思辨：高考议论文写作指津》一书中提到："在议论文的写作中，比如高考议论文写作中，如果仅仅就事论事，而不能恰当地拓展与迁移，文章的广度与深度往往会受到影响。因此，在写作中应该学会恰当地迁移与拓展。"[1]"再多走一步"不仅关乎写作能力，更关乎未来公民的逻辑能力、理性精神、批判性思维的培养和构建。

● 读写实践 ●

1. 运用这节课的几种策略分析下面这道作文题。

最近，《咬文嚼字》列出"2019年十大流行语"，"柠檬精""996""我太南（难）了""我不要你觉得，我要我觉得"等网络流行语入选。有人认为，网络流行语的盛行是语言文字顺应时代发展的表现，值得肯定和鼓励；也有人认为，网络流行语的盛行带来的负面影响日益严重，应当警惕和反思；当然还有人认为这两者并不矛盾……

对此，你的观点是什么？写一篇论述类的文章加以阐述。

☀ 读写提示：

（1）由此及彼：由现象而论"事理"。

网络流行语作为流行文化的一种，以娱乐为主要目的，具有从众性、随意性、通俗性、娱乐性、可复制性，所以光鲜酷炫的语言形式难掩内容本质的苍白与贫乏。

（2）由表及里：由表象而论"本质"。

网络流行语的盛行，背后有深刻的原因，以互联网为基，每一个词语的流行

---

[1] 余党绪. 说理与思辨：高考议论文写作指津 [M]. 上海：上海教育出版社，2017：111.

都是某一思潮和价值观的体现。它折射出时代、社会的特点，也是人们求新、猎奇甚至恶搞的心理反映，跟整个社会的审美倾向不无关系。

（3）由今往古：动态审视中的追古溯今。

许多现在看起来"严肃""庄重"的词汇，此前也曾是某一个圈子、某一领域的流行语。以古代文学为例，"花间词"曾被人称为靡靡之音，"宋词"曾只准许在坊间吟诵，"戏曲""小说"曾被视为摆不上台面的玩物，难登大雅之堂。而如今，它们都成了中华民族的瑰宝。因为这些文学作品承载了古代人民的一颦一笑、苦辣酸甜，是触及了时代脉搏发出的铿锵回响。谁又能说，高度浓缩了时代热点的网络流行语，承载着网民的奇思妙想和嬉笑怒骂的热词，不会成为下一个孕育无穷宝藏的时代之窗呢？

2. 请写出下面两段文字运用了什么策略来实现"再多走一步"。

（1）网络文化未必不具有精英意义。语言犹如一面镜子，不仅记录了历史发展的变化轨迹，也折射出当代社会生活的方方面面。一词一语勾勒热点，反映社会发展；刻画民生，描摹世事民情，展现当下中国的时代风貌。

（2）我们不必为网络流行语的负面影响而痛心疾首。语言的最大特性是动态性，它就像奔流的河，那些劣质的、粗俗的语言如砾石浊泥，会随着滔滔之河而沉在河床上，而优质语言自然会留存在语言体系中。

☀ 读写提示：

（1）由此联今：时代语境中的现实关怀。

（2）多元统一：探寻普遍性的价值观念。

3. 请就 2023 年新高考 I 卷作文题写出思考辨析。

阅读下面的材料，根据要求写作。

好的故事，可以帮我们更好地表达和沟通，可以触动心灵、启迪智慧；好的故事，可以改变一个人的命运，可以展现一个民族的形象……故事是有力量的。

以上材料引发了你怎样的联想和思考？请写一篇文章。

☀ 读写提示：

对"故事是有力量的"这一主题句多角度质辩来拓宽自己的写作思路：

（1）从定义层面。比如，如何界定"好故事"？有没有一个相对合理而有层次的标准？如何界定"有力量"，是以结果为导向，还是以价值为导向？

（2）从实践层面。比如，如何发挥故事的力量？如何让它激发个体潜能，营造群体氛围，乃至影响社会、国家、民族？

（3）从自我层面。比如，具体的"你我"如何践行"有力量的故事"？他人故事不可复制，平凡的个体在谱写自我故事时应该汲取"有力量的故事"的什么真意？

（4）从反面思考。比如当下有没有让故事变得"无力量"的现象案例？我们该如何看待处理？有力量的故事，有没有可能同样划入"成功学"或鸡汤？

总的来说，写好作文一以贯之的底层逻辑是要有思考辨析的能力，更理性、更全面、更立体地看待问题。

第 6 课　周全说理　心中有个"Ta"

论述文写作强调"思辨""理性"，但同学们在具体行文中思维多呈现出线性的"绝对化""平面化"。

一、"鸵鸟式"思维现状

首先我们来看一道作文题：

> 读下面这句话，根据要求作文。
>
> "细节决定一切。"
>
> 你有什么看法？写一篇不少于 800 字的论述类文章。

面对这类命题，大多数同学会不加思索地认同它，不质疑、不追问、不批判。这些同学的立意是"细节至关重要"，他们的行文主要是尽其所能地列举古今中外的名人历经或成功或失败的所谓的"正反"事例，以论证"细节决定一切"的观点。阅读积累多者会举诸如一颗螺丝钉导致一场空难的例子，视野狭窄者则叙述自己身边的生活小事，其高下之别，仅在于素材的新旧、多寡，其思维逻辑本质上是一样的。

这种所谓的"论证"，与鸵鸟在躲避袭击时把头埋进沙里以为没人看得见自己的思维方式无异。这种一叶障目的思维方式其实是用例子来印证中心，"虚应"论题。再翻检"故纸堆"，用大量平面"叠加"的素材论证命题者的观点。其论证逻辑是：

因为：例1 例2 例3 } 说明了 → 道理 A 所以：道理 A 是正确的

这种"简单举证"式行文呈现的思维方式是直线化、平面化、单一化的。

而当命题换成"机遇决定一切""态度决定一切""意志力决定一切""大局决定一切"

等时，这些同学的立意"摇身一变"，一路循着"命题者你说得对，接下来我印证给你看"的"鸵鸟式"思维模式来论证机遇、态度等的重要性。我们可以说，这部分同学是把头埋进命题者所给材料或观点的"沙子"里，摒弃自己的思考，对事物的认知变得简单、肤浅、偏执。对命题者所给的材料或者话题亦步亦趋，缺少自己独有的深入思考。作为写作主体，成了命题者的"传声筒""代言人"。这样写作无异于"盲人骑瞎马"，片面追求"观点与材料的统一"，将议论文写作简化为找"论据"来"证明"的过程。最需要讲理的论述文恰恰成了最"不讲理"的文体，因为它无视事物的内在矛盾性和复杂性，呈现的是"绝对化"的线性思维或平面思维。

当然，有些同学还会识记名言警句来"引用论证"，其思维逻辑是：

甲：煤球是白的。

乙：谁说的？

甲：张三、李四都说是白的，某教授、某部长也都说是白的，能有错吗？

众人：哦，原来煤球是白的。[①]

在论证中不以逻辑或事实来支持论点，而以权威话语作为论据根基，相信直觉、依赖权威话语，仅以专家或者一些权威人士的观点作为支持论据的理由难免成为一种典型"诉诸权威"的逻辑谬论，用罗素说、尼采说、雪莱说、歌德说等"名言荟萃"来说理，缺少了自上而下、由里到外的论证说理过程。

论证中，论证方式是联系论点与论据的纽带。只有合乎逻辑的论证方式，才能保证从论据的真实性推出论点的真实性。因此，论证方式必须讲求论据和论点之间应有的、必然的逻辑联系。上述"印证式"举例论证和"诉诸权威"的引用论证，属于生拉硬套，都是当下同学们在论述文写作中不讲逻辑的常态。

二、"拱猪式"写作常态

网上曾风行过一个段子："联合国出了一道题，请全世界的小朋友作答：'对于其他国家的粮食短缺问题，请你谈谈自己的看法。'非洲小朋友看完题后，不知道什么叫'粮食'；欧洲小朋友看完题后，不知道什么叫'短缺'；美国小朋友看完题后，不知道什么叫'其他国家'；中国小朋友看完题后，不知道什么叫'自己的看法'。"捧腹之余，我们要深入思考，大环境决定见识和视野，是什么造成同学们思考力的缺乏呢？

从宏观角度来说，我们当然可溯源至相对于从柏拉图经笛卡儿到黑格尔，追根究底的形而上探求使西方哲学形成了一个超感觉超经验的思辨王国，中国没有形成相关的哲学体系。加上我们的教育多半是"唯接受式"，我们的考试评价遵从"唯一的标

---

① 楚渔.中国人的思维批判：导致中国落后的根本原因是传统的思维模式 [M].北京：人民出版社，2010：24.

准答案",强化"非黑即白"的二元化思维。而"不反思、不质疑"使同学们习惯不加思索地遵从书本、老师的观点。

具体到作文的审题立意,为什么像"细节决定一切"这样一眼即明的伪命题,会被同学们认为是"真理"来论证呢?囿限同学们思维的原因是什么呢?

如果把"细节决定一切"等放在百度贴吧等网络场景里,让同一拨同学去灌水、发帖、回帖,情况会有变化吗?

我们首先得肃清一个认识,命题呈现的观点都是正确的吗?命题所指向的问题都是不可辩驳的吗?显然,答案是否定的。高考作文的命题所呈现出的话题、材料、论题,不可能是尽善尽美、完美无缺的,它可能带有某些局限性、片面性,它可以被质疑,可以被批判,也可以被反驳。而且需要同学们质疑,甚而是争论。正所谓真理越辩越明,没有一个命题者的出发点是——"你"来印证"我"的观点,而是"对此,你有什么思考",命题立意绝不是唯一的,可以是多向度、多维度的。但是,长期以来,大部分老师同学因为"离题"之惧,过分强调"求同思维",对"紧扣文题"的认知存在着很大程度的误解。如果是置于网络自由发言的舆论生态下,同学们显然会注重求异思维、发散思维,会更多地"独立思考"并"表达自己的观点"。

除了对高考命题的认知偏颇外,另一个原因是对阅卷导向中"切合题意""扣题"理解失误。

以下面的作文题为例。

> 阅读下面的材料,根据要求作文。
>
> 这是一个知识共享的时代,知识共享让每一个人具有更多获取知识的机会;这也是一个知识付费的时代,知识付费让众人在知识的汪洋中得到更有价值的知识。
>
> 对此,你有什么看法?写一篇不少于800字的论述类文章。

这是一道很具体的、可讨论的作文题。但,浙江省内某知名重点中学的高三备课组教师共同讨论,统一认知,最后形成这道作文题的评卷标准:

立意方面,共享与付费要结合。比如:付费让共享大打折扣或付费让共享优化。

如果大部分只讲付费和共享中的一个方面,可以降一个档次。

如果全文只涉及一个方面,可以考虑降两个档次。

根据评卷导向,要把二者结合起来谈论才算是切合题意。但从作文题来看,这样的评卷导向显然失之偏颇。与"鸵鸟式"思维现状相对应,我们称这种为"拱猪式"作文教学形态,理解命题片面化、评价导向僵化,一如拱猪以拱泥塘里污泥为要,不见泥塘边的牛奶、鲜花、面包,摒弃真知,一味往死胡同里钻。

这种"拱猪式"教学导向广泛存在,而且许多教师会振振有词地说"关系型"话题得兼顾两者关系云云。殊不知，命题者关心的是同学们的观点与题目有没有联系，是不是在考场上看到题目后立意写作的，观点能不能自圆其说，能不能有力地证明自己的观点以说服读者。命题者侧重考查的是学生的论证能力，而非认同并阐述命题者观点的能力。

三、寻找"黑天鹅式"和对方辩友意识

要规避好空谈多印证的倾向，要走出"鸵鸟式"思维写就的"印证式"文章困境，当务之急是改变命题思路。力避诸如"论浅尝辄止""怀想天空"等玄理化、空洞化的写作命题，转而注重基于表达目的、读者意识，有具体情境设置、任务驱动的作文题命制，尽可能地贴近时代、贴近社会、贴近同学们的生活。

如：

①出租车要不要加收返空费？

②碎片化阅读好不好？

③跟年段长谈谈所谓"早恋"问题。

④给放暑假去台湾自由行的老师提点建议。

……

再如：

> 题1 2017 年 5 月 2 日，福建省宁德市柘荣县一民房突发火灾，为搜救一位 95 岁老人，23 岁消防战士姚为君牺牲。此消息一出，引发社会各界热议。大多数网友为姚为君的壮举"点赞"，也有不少网友质疑"23 换 95"，到底值不值。
>
> 对此，你的观点是什么？写一篇论述类的文章加以阐述。

> 题2 2017 年"五四"青年节，一名本硕博连读生的三个阶段证件照对比走红网络：只见这位小哥的一头秀发由浓密到稀疏，到博士生阶段基本已聪明"绝顶"。网友唏嘘调侃称"知识就是把剃头刀"。
>
> 对此，你有什么看法？

写作的意义是在表达与交流中认识社会、理解生活、升华自我。上述这样的命题重在挖掘日常生活中的写作内容，引导同学们思考议题涉及的事实标准，做出理性判断。在具体情境中培养同学们的分析说理能力，激活他们的思辨意识。当然，也着意于培养同学们关注、参与公共事务并发表自己的看法——公民表达的能力。

在命题具体化、情境化的基础上，我们再来谈写作的策略。

为了让自己的观点更有说服力，不固守己见，要关注反面意见，以综合开放的态度凸显思辨。其主要策略有：

其一，寻找"黑天鹅式"——思考材料的对立面。

卡尔·波普尔在《猜想与反驳：科学知识的增长》中对"一切天鹅都是白的"证伪的"黑天鹅"事件，是著名证伪主义思想的核心经典论断。显然一味地举例不能论明，只能说明。面对命题者所给的材料、话题、事件，要用"第三只眼"冷观，寻找"黑天鹅式"的合理质疑，借鉴销售行业"黄金三问"，要试问"really？""why？""how？"，严谨证伪，来进行反驳和否证，纵深开掘观点的多种可能性。

在命题者认定的观点（现象）外：

①有特殊的情况吗？

②是否存在另一种可能？

③要不要考虑反面论点？

④这么说有什么条件和背景？

其二，强烈的对方辩友意识。

理性思辨的策略之一就是要尊重与自己意见不同的"对方辩友"。

这一点拿辩论赛的论辩来比较认知就会很清楚。但凡是辩论赛，正反两方的观点一般来说是相持的，没有明显的是非对错之分，关键在于言之有物，言之有理，如何用确凿的论据来论证自己的观点。当辩手站起来陈词时，其表达往往是"对方辩友，您所持的观点……然而，我方的观点却是……"。稍加分析，我们会发现这种思维恰是"以退为进"，充分考虑"异见"，以更好地形成"己见"。

譬如对题 2 的分析：

男子头发日益稀疏，诚然与长时间伏案学习、过度疲劳有关，但知识并不是一把剃头刀，个例并不能代表全部，头发多的博士大有人在，掉发的原因也跟作息时间不合理等有关。

这样表达做到了情理兼具，使说理有了温度，而且理性地分析、思辨展现了可贵的思维力量。

我们不妨借鉴辩论赛的论辩方式，培养强烈的"对方辩友"意识，我称之为心中时时有个"Ta"——写作中有个"论说假想敌"，迫使自己走到惯性思维的反面，分析这些现象背后的原因，避免立意绝对化，使说理更周全。

其可能的情况有：

	异见	己见
思考路径 1	对方说得对	我的观点也对
思考路径 2	对方说得不完备、有疏漏	我来补全，补全了，"我认为"才完备
思考路径 3	对方说得不对	不对在哪里，我所持观点才对（驳论）

其三，归因分析和条件分析。

理据呈现时，"我持这样观点的几大原因"是令人可喜的说理雏形，因为在某种意义上，说理就是呈现原因（论据）以支撑自己的观点。同学们在尊重自我感性的基础上，观察世界、判断是非、探究问题，完成从生活化到考场化的转变，因为其思考、说理的路径是一样的：析材料、论危害、挖根源。条件分析则是分析自己的论点在哪些条件下才成立，"我这个观点是基于××前提"，如题1，若论消防员救之必"值"，应基于"消防员的职责""生命不分长幼贵贱""人类文明的进步恰是尊老护幼"等前提而提出自己的观点。

读写实践

1. 请运用这节课的思辨方法，给下面生活化的情境写一段100字以内的语段。

话题：跟妈妈谈谈要不要穿秋裤。

☀ 读写提示：

> 妈，我理解你怕我受凉感冒的心情，但是教室里空间小又闷热，学校体育活动多，穿秋裤也不方便。而且，穿秋裤会显腿粗，同学们都没有穿，只有我一人穿会被笑话……

2. 在论述文写作中应用"心中有个'Ta'"，我们可借T.爱德华·戴默在《好好讲道理：反击谬误的逻辑学训练》中谈及行文思路的观点进行练笔，请根据这节课所学，修改其中一条。

（1）对问题进行解释；

（2）陈述你对该问题的立场；

（3）对你所持的立场进行论证；

（4）对预期中的批评进行反驳；

（5）问题的解决。

☀ 读写提示：

> 根据上述分析，我们可以把第四条"对预期中的批评进行反驳"改为"对预期中的不同看法表示认同、进行反驳并进一步补全"。更直观地说，论述文写作中，我们必须清醒地认识到"真理的反面可能是谬误，真理的反面也可能是另一个真理"。

第二章

CHAPTER 2

最基本的论证方法

议论文写作当中有很多论证方法,比如举例论证、引用论证、因果论证、类比论证、比喻论证、对比论证、假设论证、归谬论证等等。同学们最常用的还是举例论证和引用论证。拿举例论证来说,这种论证方法看似简单,却也是大有讲究的。举例论证包含如何选材,如何裁剪,如何分析材料,如何紧扣观点融合分析等。

在开始此课之前,大家不妨想一想在"议论文写作"的语境中:

①我的举例是减分的、无效的,还是加分的?

②我的举例是以合适的长度呈现的吗?

③我是否有分析好材料与观点的内在关系?

④我的举例与我的观点是否"化"在了一起?

一、举例论证中常见的"低幼病"

1.和"我"有关

请你来"找规律"——

①我有一个同学,由于中考失利只考上了比较差的高中,他又是一个不怎么爱读书的人,你可以将这次失利作为兵家常事,他很懒惰……

②最后再举一个我亲身体会的例子吧,男生都热爱打篮球,我自认为我在这个班是数一数二的,可当我走出去后,我发现我错了,我过于自信……

③在我还是个小孩的时候,从来都是以父母为天地的,所以当父母让我学各种乐器,参加各种比赛的时候……

④我记得小时候在父亲的自行车上,我向他埋怨后妈的不好时,他用灰姑娘的故事告诉我……

⑤如同我的班主任跟我讲过的一句话:"学习是给现在的自己学的,做人是一生的,无论一个孩子的视野有多开阔,文化底蕴有多深厚……"

你发现以上例子的共同点了吗?这些所谓的举例论证都和"我"有关,显然不是举例论证,而是小学或初中时的记叙文文体写作,这在议论文写作的评分中无疑是要"减分"的,这也是初学议论文写作的同学很容易犯的典型错误。

2.喜欢写"有"字句

①有一天(次),班主任/语文老师……

②有一个同学/老师……

③有一个故事……

一般来说，"有"字句是以记叙文的腔调记一件事或一个人，显然是不适合议论文写作的。更何况，上述三例都是记述自己生活中点滴小事的"私我化"性质的低幼素材。

3. 写自己的生活小事

①拿我自己做例子吧！小学时有一次，我在自习课上做了影响纪律的事，开了一个同学的玩笑，于是那个同学便……

②有一次我只是路过桃树林摘桃子，妈妈却认为我是爬峭壁，二话不说把我揍成一个胖子，那年我8岁，我不知道是什么原因，直到我15岁那年，我才明白桃树林有一条小路通往峭壁，那时我才知道妈妈为什么要打我。

③记得上学期期中考，考前我一直不断地背政治，但成绩却像是我从没学过政治，当时的我可谓郁闷至极，我明明背了呀，为什么成绩还是那么差，静下心来想，也许自己只是看起来很努力。

且不说这些表达都太口语化，仅就这些例子而言，其表达方式是叙述，内容是一些生活中的小事，叙述特点是"絮叨"，这显然不是举例论证。

二、举例论证中的"我"应该是谁？

我们先来看一道作文题。

近年来，露脚踝成了一种时尚，这种风也吹进了校园。春季气温不稳定，早早露出脚踝，可能导致学生受凉。近日，河北省沧州市某中学为了纠正学生们不惜受凉也要追求时尚的做法，每天检查学生是否露脚踝，并在学校微信公众号中发布了一篇名为《孩子，请放下你的裤腿》的文章。这引来众多学生家长点赞。也有媒体将这件事与一些有争议的校规联系了一起，如"食堂分设男女就餐区""男女禁乘一辆自行车""男女生距离不得小于44厘米"。

读了以上文字，你有何感想？综合材料内容，写一篇800字以上的论述类文章。

这道作文题的关键词是"校规"，我们先来审定一下，若题目拟为《我们的青春》，这在议论文的写作理念上出现了什么偏差？

要回答这个问题，我们首先要明确的是——议论文中的"我"是谁？

显然，立意"青春"会较多地谈校规对学生是如何规范和约束的，是偏离此作文题要旨的。这道作文题的命题导向显然是要我们讨论教育的目的、教育的方式等。一般来说，议论文的写作探讨的是具有普遍意义的话题，要求每个同学以"公民"的身份就某个社会现象发表自己的看法，而不能仅仅是从"学生"的视野和角度出发。甚而，在议论文写作语境中我们学生的身份要转换成"社论员"的身份。我们不妨一起来记下一句口诀：

规避学生腔，我不是我，我有大视野、大情怀。

按照"公民"立场来发表看法，下面三句话就要改变叙述方式：

①我第一次骑自行车→人人都有第一次骑自行车的经历

②我给妈妈洗脚→给妈妈洗脚的公益广告

③我们学校升旗仪式→中小学的升旗仪式

这种表达，是不是就有了"高级感"？其根本原因在于不再局限于"私我"，不再"以叙代议"，而用普遍性的现象来代替个体主观性体验和认知。

三、举例论证有大招

同学们在举例论证时要"远离自我"，即不举爸爸、妈妈、妹妹等人的相关事例，规避"以叙代议"，要追求"叙"为"议"而服务，追求"叙"的极简化、典型化。

可以说，整篇 800 字的议论文除了用"我以为"表达自己的观点外，其他表达中就没有"我"这个字的出现之处！

1. 变叙为议

我们先来看一篇就"后浪""内卷""凡尔赛文学"等网络流行语的盛行写的论述类的文章，它在举例论证时有什么弊病，该如何改进呢？

①有一次我在微博上看见一篇小学生写的作文，这篇作文里基本都是一些网络流行语，连最基本的成语都没有。这一点让我开始反思，如果过多地用这些新兴词语，而放弃那些经典的传统的词语，这样真的好吗？

整段改为：微博、微信等社交平台上充斥着各种各样的"新兴词语"。

这样一改，我们发现语言显得更加简练，且是着眼于议论某一现象的语言表达。

②还有一个大家十分熟悉的网络流行语，那就是"洪荒之力"，在 2016 年的里约奥运会中，这个词语深深地印在了人们的脑海里，而这一切都源于一位"奇"女子：傅园慧。她是我国的一位游泳运动员，在她比完一场比赛，面对记者的采访时，她表现出十分愉悦的心情，并说出了这个词，她认为这次的比赛，她已经付出了自己最大的努力……

整段改为："洪荒之力"一词因傅园慧而火爆全网。

2. 变"私我"为"大众"

下面是论证"你所看见的不一定是真的"观点的三句话，我们可以改一改。

①我经常看到一些行人不顾红灯的警示过马路，路旁的交警叔叔刚拦住一拨行人想要进行教育，另一拨行人早已凑够了同伴，又闯了出去。

改：我→我们，交警叔叔→交警

②我爸爸的一个朋友涉猎多个领域，既是律师，又是作家；既是程序员，又是美食家。

改：我爸爸的一个朋友→现在的年轻人

③我现在就吃啥随便，干啥随缘，懒得追梦，安安稳稳做一条理直气壮的咸鱼。

改：我→我们

3. 变为社会普遍现象

①我经常看到一些行人不顾红灯的警示过马路，路旁的交警叔叔刚拦住一拨行人想要进行教育，另一拨行人早已凑够了同伴，又闯了出去。

改："中国式过马路"

②我爸爸的一个朋友涉猎多个领域，既是律师，又是作家；既是程序员，又是美食家。

改：斜杠青年

③我现在就吃啥随便，干啥随缘，懒得追梦，安安稳稳做一条理直气壮的咸鱼。

改："佛系"生活

④我的妈妈总是只看到邻居的孩子在学习，可我知道并不是这样……

改：引发社会热议的"别人家的孩子"

4. 写典型的人物

我也曾听说过被切开气管的老人，无助地躺在病床上，先是被切开气管，后来只能靠喂食管和呼吸机维持生命。周围的人对他说，每一个爱他的人都希望他活下去。但巨大的痛苦使他多次提到安乐死，还不止一次地说出"我是为你们而活""活着是对我的折磨"等话。

改1：被切开气管的老人

改2：巴金先生生命里最后的六年时光

从"我也曾听说过被切开气管的老人，无助地躺在病床上"的记叙式到改1变为普遍的现象，再至改2举例"巴金先生"，表达上有了质的不同，论证力度大大增强，因为典型人和事具有典型意义，我们称这种论据为"典型论据"。议论文举例论证中要尽可能多用有说服力的典型论据。

读写实践

1. 写下面这道作文题时，你会用什么素材呢？

生活中有不少的仪式，如成人仪式、结婚庆典、校庆典礼等。有人说仪式是必要的，仪式感使人摆脱了日常的平庸琐碎，获得了庄严神圣的体验。也有人认为现有的不少仪式裹挟着各种利益，沦为了形式主义，缺乏应有的内涵。

对此，你有什么看法？写一篇论述类文章。

☼ 读写提示：

> （1）历代帝王登泰山，举行封禅大典，具有浓重的君权神授意味。
>
> （2）霍去病封狼居胥，筑坛祭天，获得武将最高的荣耀。
>
> （3）虽然早已废除了跪拜礼，但陈寅恪却用了下跪、磕头这样一种身体触地的姿势，完成了对王国维先生的永别。

2. 改写下面语段，使改文"举例典型化"。

原文：我也曾听说过一个被切开气管的老人，无助地躺在病床上，只能靠点头或摇头表达自己的意图，家人看着他绝望而痛苦的神情，却不敢问一声"还想不想撑下去"。

☼ 读写提示：

> 改文：被切开气管的老人，无助地躺在病床上，只能靠点头或摇头表达自己的意图，家人看着他绝望而痛苦的神情，却不敢问一声"还想不想撑下去"。这是中国（很典型 / 很常见 / 很普遍 / 司空见惯）的一个场景——不惜一切代价，动用一切器械维持生命，让人尽可能长久地活着。

第8课 用材有法 "大裁小剪"

在议论文写作中有了契合论点的素材仅是举例论证的第一步，要让它们"为我所用"，还要学会精心"裁剪"，尤其是对庞杂的、涉及面广的素材，如何恰当地把握材料的重点，删去旁枝末节，切中论点，是需要我们特别关注的。

一、大砍：三无素材 + 娱乐八卦 + 题记

大家知道，议论文是就某个问题、事件、现象或说法提出自己的见解和主张，并通过摆事实、讲道理等论证方法对自己的见解和主张进行分析、论证的文体，目的是

使人信服，简而言之，论证为的是增强"说服力"。基于这种基本认知，有些在同学们看来似乎很合适的素材却是不宜作为事实论据的。

1."三无"素材

先请大家审读下面这几个片段，一起来找找问题所在。

①生活中有许许多多的例子，比如两个一同创业的大学毕业生，一个出谋划策，一个将理论付诸行动，那个出谋划策的人是一个优秀毕业生(姑且将优秀毕业生当作A，另一个普通毕业生当作B)，起初……

②不知道谁给我讲过这样一个故事，一个老人有两个孩子，大儿子是捕鱼的……

③从小到大，老师们常常说这样一句话，不要照搬别人的方法，但可以学习方法中好的部分。

④某知名作家现在一所大学任教，他认为"中国式教育"不理想，让孩子"在家上学"……

大家发现了吗？上面这些列举的"A""B"或"某知名作家"等有一个共同特点，那就是"无名无姓"。这是同学们初写议论文时容易犯的毛病。议论文写作有别于"心灵鸡汤式"的文字表达，它讲求论证有力，讲求"有理有据"，"无名无姓"即"无效"，更毋提"说服力"。

应对这种无中生有的例子，我们要举起板斧毫不留情地"大砍"，转而寻求"有名有姓有说服力"的"实证化"素材。比如将第四句表达改为：

童话大王郑渊洁认为"中国式教育"堪忧，他让儿子郑亚旗小学毕业后就"在家上学"，他自己给儿子编撰了10套教材……

显然，有名有姓才有说服力，这样实证化的理据才能体现议论文论据的确凿性，才能使自己的文章言之成理。

2. 娱乐八卦

以下片段的问题又是什么呢？同学们也来找找看。

①我们被一批又一批的小鲜肉圈粉，他们样貌帅气、实力优越、唱跳俱佳……

②现今有一部很火的电视剧名叫《隐秘的角落》，这部电视剧中的朱朝阳让我印象深刻……

身处信息化时代，娱乐八卦等各种信息充斥着我们的生活，同学们稍不注意就容易把娱乐事件、明星八卦等作为事实论据，写入作文。殊不知，这样举例容易给阅卷老师造成"不务学业"的印象，往往致使作文因这类列举而减分。因而，我们在写作的时候要坚决摒弃此类素材。用一句话来总结我们对此类素材应有的态度，那就是"娱乐圈，水很深，请绕行"。

当然，如果改成从公民立场的"大我"的角度来表达，将此类现象作为一种典型的社会现象给予关注、评论也未为不可，若改为：

①在"流量经济""快餐文化"的大潮中，许多"流量明星"迅速走红，信息高速传播的互联网时代，"流量为王"已成为许多人信奉的法则，"流量明星"也被粉丝和资本捧上了神坛。

②热播网剧《隐秘的角落》中三个孩子身上折射的是关于我国未成年人犯罪预防的问题，催人思考"孩子与恶的距离有多远"……

不知大家有没有发现，这样一改，写作者就不再是一位沉迷网剧、喜欢八卦的"学生"，而是关注社会现实的"公民"，这才是议论文写作需要的立场。

3. 题记

有些同学写记叙文或散文时有写题记的习惯，我们一起来看看下面这些例子，找一找其中的问题，思考一下议论文是否需要写题记。

①接受总归是必要的。无论是接纳一个人的突然出现，还是一个人的消失不见。——题记（以"成长中的'接受'与'不接受'"为话题写一篇议论文）

②爱己者，仁之端也，可推以爱人也。——题记（此为作文题中的一句话）

③孤独，是与生俱来的种子，我们需要接受它的萌发。——题记（以"成长中的'孤独与成就'"为话题写一篇议论文）

这些题记放在议论文中有没有显得特别"油腻"？议论文适不适合用题记呢？我们先以什么是题记、题记有什么作用为切入点来解答这些问题。

题记是在文章正文前或题目下的文字，一般用来交代写作缘由、创设环境、展示主要内容、揭示作品内涵等。据此，同学们如果写一部80万字的作品倒是可以用题记，以便读者能够通过题记快速把握作品的核心内容，而我们不过写800字、阅卷老师一两分钟甚至几十秒便能完成阅读的"作文"而已，大可不必写题记。所以，在议论文写作中，我们让"题记君，滚蛋吧"！

在写作中同学们若有一句特别适用的文句想作题记的，不妨让它"华丽转身"，把题记写在文章开头——"×××曾说'……'"，这样可以直接作为议论文中的引用论证，何乐不为呢？

二、大裁：众所周知、耳熟能详的素材

很多同学在初学议论文写作时，因为不会具体分析、充分说理，苦于写不满800字，往往在烂熟的例子上花费了大量笔墨，因而造成"以叙代议"的大毛病。

我们以下面这个片段为例，请同学们思考有没有必要这样详尽地"叙写"：

就拿曾子杀猪的故事来说吧，当时曾子一家在街上走着，曾子的孩子吵着要回家，曾子为了孩子不再继续吵闹下去，于是向孩子承诺只要他不再吵，回家就给他杀一头猪吃，他的孩子果然没有继续大吵大闹了。回家后，尽管妻子不满，曾子仍然将猪杀了，实现了自己的诺言。

这种写法很像是小学生扩写一则历史故事，放在议论文中便成了"絮叨"众所周知的典故、事件，这显然没有把握住议论文这种文体"重说理"的特点，着力点有明显偏差。其实我们只用"曾子杀猪"四个字即可概括这段文字的全部内涵，不必赘述。因而，对于众所周知、耳熟能详的素材，我们要"大裁"，留下简要概括的要点即可。

三、小剪：根据观点择取要点

"小剪"就是剪掉一些多余的细枝末节的文字，我们接下来看看"小剪"应该"剪"什么。

大家读一读下面的例子，尝试剪掉一些内容。

①~~春秋时期著名思想家~~孔子曾经说过："人无信不立。"诚信自古以来便是人的高贵品格。

②~~著名文学家、思想家、民主战士~~鲁迅曾经弃医从文，为揭示国民的劣根性……

③~~伟大的物理学家~~爱因斯坦……

加这些定语本身没有错，但考场写作是一种特定语境下的特殊写作，这种表达在阅卷老师看来会特别刺目，会极速拉低作文的得分。划去部分属于"正确的废话"，属于常识性的认知，无须多言。举例论证时尤不能在震古烁今、千古流芳的人物前面加诸多"百科介绍式"无用的定语，我们所有的笔墨都要用在论证的精妙之处，做到废话少说，"文章不写半句空"。

更重要的是，要使自己的材料与观点发生"内在联系"：材料要能够证明观点，观点要能够统率材料。

也就是说，我们对于素材的剪裁撷取要像古代娇羞的美女翘起兰花指般，对庞杂的素材进行细细地"裁""捏""挑"以论证观点。

我们以下面这道作文题为例：

2017年5月2日，福建省宁德市柘荣县一民房突发火灾，为搜救一位95岁老人，23岁消防战士姚为君牺牲。此消息一出，引发社会各界热议。大多数网友为姚为君的壮举"点赞"，也有不少网友质疑"23 换 95"，到底值不值。

对此，你的观点是什么？写一篇论述类的文章加以阐述。

语段示例：

黄忠 69 岁跟随刘备出征，德川家康 70 岁打天下，姜子牙 80 岁成为丞相，佘太君百岁挂帅……"值与不值"只是将事件简单化为孩童式的辨析，粗略地将年岁与价值等同，一个人的生命价值从来不是直接与年龄长少画等号的。

对于黄忠、德川家康等人可写的逸事有很多，但是为了契合"年龄大同样能发挥生命的价值"的主旨，其他的事迹就可以不提及，我们用"弱水三千，只取一瓢饮"的理念择要而例。

读写实践

1. 请用下面三则材料来论证相应的观点，你来选选看。

（1）勇于抉择（　　）　　（2）做好细节（　　）　　（3）抓住机遇（　　）

A. 滑铁卢大战中，大雨造成的泥泞道路使炮兵行军不便。拿破仑不甘心放弃最拿手的炮兵，然而就在他踌躇之际，对方援军赶到，结果战场形势迅速扭转，拿破仑惨败。

B. 惠特妮·休斯顿 11 岁那年因为替生病的母亲登台演出而一唱成名，成了美国的王牌歌手。

C. 年轻的洛克菲勒负责巡视并确认石油罐盖有没有焊好。他每天反复几百次地注视着。这份工作很枯燥，但他没有懈怠，还研究出了"38 滴型"焊接机，每个油罐节省了一滴焊接剂。

☀ 读写提示：

（1）A（A项"拿破仑不甘心放弃遭到惨败"对应"勇于抉择，适当放弃"）

（2）C（C项"工作简单但不懈怠"对应"做好细节，成功不期而至"）

（3）B（B项"惠特妮因意外走上歌坛获得成功"对应"抓住机遇，才能成功"）

2. 阅读下面这篇短文，试着从契合观点角度来"剪裁"运用这则素材。

"灶台作家"杨本芬：耄耋之年绽芬芳

杨本芬 60 岁在灶台前开始自己的写作生涯，此后一直笔耕不辍，耄耋之年成为作家，出版的第一本书《秋园》被誉为女性版的《活着》，杨本芬的大半生都在挣扎求生，直到暮年之际，才终于找到了人生的意义——为普通人著书立传。

观点 1. 青春不是年龄 _____

观点 2. 心不为形役 _____

观点 3. 实现自我 _____

观点 4. 坚持和热爱 _____

☀ 读写提示：

> 观点 1. 青春不是年龄：耄耋之年的杨本芬，60 岁开始自己的写作，80 岁成为畅销书作家……
>
> 观点 2. 心不为形役：杨本芬在等水烧沸、在择菜的间隙，在灶台边写下对文学和诗意的向往……
>
> 观点 3. 实现自我：实现自我的人生没有止境，挣扎求生大半生的杨本芬不改写作梦……
>
> 观点 4. 坚持和热爱：生活的柴米油盐没有磨去杨本芬对文学写作的坚持和热爱……

第 9 课 例证选材 "四化"入文

　　议论文写作中如何就某一观点进行举例论证？一篇文章中举几个例子合宜？为什么有的文章被赞为"用例精当"而有的却被评为"例子堆砌"？举例论证都有哪些讲究？哪些是一定要避开的雷区呢？这节课我们就同学们在举例论证中容易出现的典型错误来谈一谈举例论证的"四化"。

一、去"烂滥化"而求"陌生化"

　　我们先以下列五个领域来历数"那些年，我们曾经'追'过的论据"，大家试着想一想，在每个领域里都会想到哪些名人？

领域	最想举例的名人
［科学］	
［经济］	
［艺术］	
［体育］	
［文学］	

　　请比对一下，同学们各自写出来的人名与下面所呈现的有没有高度雷同。

　　［科学］牛顿、爱迪生、爱因斯坦、伽利略、霍金

　　［经济］马云、乔布斯、马斯克

［艺术］贝多芬、达·芬奇、凡·高

［体育］姚明、刘翔

［文学］史铁生、陶渊明、司马迁、屈原、李白

我们发现这些论据有两个典型特点："烂"（陈旧）、"滥"（高度雷同）。不管作文题涉及爱国主义还是环境保护，关怀底层大众还是建设精神文明，许多同学都用上述这些材料来敷衍。显然，这样"套用"例子的方式在议论文中是行不通的。更何况，这些例子是"千人一面"的素材。

为了更好地讲道理，我们对例子有了这样的共识：论据要去"烂滥化"而求"陌生化"，即追求新鲜陌生的、关乎现实生活、有文化品位、引人深入思考的、有哲理的、有自我独特感受的论据。

1.熟悉的"陌生人"

我们不妨设想，一个读者（或更确切地说是阅卷老师），在审阅以下两组用例时的不同感受。

第一组	第二组
爱迪生	爱默生
比尔·盖茨	盖茨比
司马迁、司马光	司马相如、司马穰苴

第一组的论据给阅卷老师的感受是高度的审美疲劳，而第二组或能让人心生敬畏，因为它显现的是写作者（考生）的阅读积淀。可以说，以一"名"而惊人，考生的阅读积淀和文学底蕴尽在其中。因而，要避开"烂""滥"用例，寻求对他人而言相对陌生而自己却熟稔于心、信手拈来的事实论据。

2.陌生的"熟悉人"

我们对于"陌生化"的理解，不能只止于追求一个陌生化的"名字"。我们以下面语段为例：

进了真理之门，未必永持真理。晚年的牛顿笃信神学，狂热地苦心研究"炼金术"，崇拜金钱与权势，霸占皇家学会会长之职二十四年之久，压制青年才俊崭露头角。恩格斯曾一针见血地批评他心灵中浸透着"极端的幻想、盲从和迷信"。可见，巨人也常犯上了"路"进了"门"却依然在"门外"的错误。（2014年浙江高考作文"门和路"优秀作文）

对于光照青史的科学巨人牛顿，大多数同学写的内容无非是他被苹果砸到，发现"万有引力"，引用"我只是站在巨人的肩膀上"的名言，因而大家唯恐避之不及，

而上述语段却写出了不一样的牛顿，因为这个语段撷取的是牛顿晚年以不光彩的手段压制青年才俊等"大人物"的"小事迹"。可见，论据运用之所以"陈旧"，是因为没有深入人物全面掌握其生平事迹。所以，去"烂滥化"而求"陌生化"的另一途径，需要我们变换角度，举例熟悉的人物的陌生的、不为人知的方面，从人物的各个侧面来论证观点。在此基础上探幽显微，洞察事理，展开论证，才能使文章产生令人信服的逻辑力量。

二、去"空泛化"而求"实证化"

论证最为有效的方法是通过事实说话，实证、精细的材料具有无可辩驳的逻辑力量和理性说服力。试比较以下两个语段中论据的运用：

语段1 篮球史上最亮眼的球员科比，是神一样的存在。日复一日地艰苦训练，他付出了常人所不能想象的汗水和艰辛。毋庸置疑，"汗水"是进任何"门"、走任何"路"的唯一注脚。

语段2 篮球史上最亮眼的球员科比，NBA最伟大的得分后卫，他在回答记者"你为何这样成功"的提问时说："我知道每一天凌晨四点洛杉矶的样子。"毋庸置疑，"汗水"是进任何"门"、走任何"路"的唯一注脚。

稍一比较我们会发现：语段1贫乏、空洞，可以替换成任何一个在该领域里付出艰辛取得成就的人物，因其泛泛而论，没有针对性，是典型的概念化、标签化、符号化的表述，是"徒有其名"而已。语段2"NBA最伟大的得分后卫"以及科比答记者问的话语，内容更真实、实在。从论证的角度来说，事实论据容不得半点儿含糊、空泛，论证不是"印证"中心，而是用典型的、实证的、确凿的材料明确地摆出事实，深入阐发观点。因为真实、具体、实在的材料，它的论证效果更显著，更有说服力。

两个语段，同是有针对性的典型人物论据，但因其"空泛化"与"实证化"的区别表达，论述效果迥然不同。可以说，议论文的逻辑力量来自"实据"，这不仅是指"真实正确、不臆造虚构"，而且是指有充分可靠的论据。这里的"充分"就是立体的、丰满的、无可取代的、个性化的材料，也指不写人云亦云的套话，回到自我作为"写作主体"的独特个性的展现以及对常识和现象的重新思考。

三、去"单一化"而求"异质化"

现实生活中，每个人的身份、地位、性格、才能、境遇、爱好等，都会影响他获取的信息的范围和质量，这在举例论证中会呈现出其运用论据的偏好。

关于论证"诚信"的作文用例：①假摔；②"黑哨"；③奥运会兴奋剂……

关于论证"知识分子的家国情怀"的作文用例：①苏轼；②柳宗元；③韩愈……

你发现这些论据选用的问题了吗？显然，关于"诚信"的作文所列的论据同属体育领域，可能是一个热爱体育的男生写的。而"知识分子的家国情怀"的用例，或是热爱古典文学的同学，或是只读教材的同学。这样"单一化"的举证，是举例论证的大忌。写"诚信"这个话题时，如果除上述体育类事例外再选用以下三至五例，你觉得在论证的效果上会有什么变化呢？

> 立木为信　　一诺千金　　张良拾履　　抱柱之信　　曾子杀猪　　约法三章
> ofo 不讲诚信不退押金　　乐清男孩走失事件　　央视诚信公益广告《早餐店》
> "人无信不立"　　"一言既出，驷马难追"　　"言必信，行必果"

毋庸置疑，这样的举例文史哲兼及、古今中外均备，论据相对充分、翔实。我们要让举例论证中的论据尽可能地"异质化"、多样化，同学们在构思时大致可以从以下几个领域进行思维的发散。

社会生活：＿＿＿＿＿＿＿　　文学、哲学、科学：＿＿＿＿＿＿＿

自然社会：＿＿＿＿＿＿＿　　历史典故：＿＿＿＿＿＿＿

名人名言：＿＿＿＿＿＿＿

或者思考自己的例子是否囊括了以下四个方面：

①真实的人物（除盖棺论定的古今中外的人物外，还要用当代人物诠释、阐述观点）；

②一部电影（豆瓣高分电影、纪录片等）；

③一本书（人物传记等纪实类文学作品、虚构类文学作品、浅易的哲学著作等）；

④一个热点（新闻、消息、人物通讯等）。

四、去"烦冗化"而求"节制化"

初学议论文的同学在举例论证时最易犯的毛病是"以叙代议"。为了避免犯此毛病，我们在举例论证时要学会节制，举例论证时例子的叙写、引述尽可能控制在 80 字左右，尽可能多地把笔墨用在"说理"上。议论文写作中，我们不要为举例而举例，要为论证观点而举例。论据与观点的关系，其理想的样式当如盐入水，化于水中，而不是如油入水中，油水分离。

"不拘一格降人才"并不是"不拘全格"，而是在保证教育公平，教育规则严格实施的基础上，根据个体的具体情况谨严而审慎地"降人才"，需要有关招生部门全面介入考察遴选。1921 年夏天参加北京协和医院考试的福建姑娘林巧稚，如果不是因为被破格录取，断不能成为"万婴之母"的妇产科第一人。可是我们在街谈巷议这则美谈时，不能省却的是协和医院是在多方商议、综合考察林巧稚"弃考救人"所表现的医德仁心和她已考科目取得的优异成绩后做的决定。基于规则的考察是不让别有用心地谋求一己之私利的个别人有机可乘，不让"萝卜式"招考现象发生，让规则在公平的范围内运行，才不违人才选拔的初衷。（"高考录取究竟该不该破格"下水文《做"专才"的摆渡人》）

这个例证段紧扣"高考录取应该根据个体的具体情况谨严而审慎地'降人才'"，"林巧稚弃考救人而被破格录取"一例简洁、节制，其叙为议而作。

当然，在举例论证中，我们把上述举例称为"详例"，有时为了说理需要，或是篇章结构的安排和行文详略的布局需要，往往还举"略例"，一般可用15字左右单列一例，共举三例或三例以上，我们称之为"排例"。

更重要的是，我们这个时代早已经由"万马齐喑"而至"万马齐嘶"。随着社会分工明细化、科技智能化时代的到来，每一个行业更需要专才。如果选拔"真正人才"要求全A，不知道会遗落多少个因为偏科而有可能成为某一行业巨擘的学子。清华大学校长罗家伦录取数学只有15分的钱锺书，青岛大学录取数学零分的臧克家入英语系，魏荣爵给物理交白卷的谢邦敏赋诗"人各有志，给分六十"……无一例外，这些逸事佳话都演绎了为"才"而破格的主题。高校，作为学生培养的摆渡者，要给偏才、专才、奇才一个机会，不拘一格。（"高考录取究竟该不该破格"下水文《做"专才"的摆渡人》）

排例的用例往往是众所周知的、耳熟能详的、可一笔带过的人或事。

总之，陌生化、实证化、异质化的论据是议论文充分说理的基础，在此基础上可以展开深入论证。但要注意的是，绝不能因为自己对某一领域的人物事迹、精神风貌熟稔于心而一一罗列，而要紧扣论点，找准材料与论点的契合点，只选取与中心论点有密切关联的精细化材料，"节制化"地论证，以做到鞭辟入里、丝丝入扣。

● 读写实践 ●

1. 请在下列表格中填上各个领域的陌生化人物素材。

领域	陌生化的名人事例
[科学]	
[经济]	
[艺术]	
[体育]	
[文学]	

☼ 读写提示：

> [科学] 高锟、孟德尔、王贞仪
>
> [经济] 王石、贝索斯、李彦宏、吴晓波
>
> [艺术] 帕格尼尼、勃拉姆斯、伦勃朗、让·多米尼克·鲍比
>
> [体育] 林书豪、张伟丽
>
> [文学] 李娟、刘亮程、梁鸿

2.请分析下面语段用例的特点。

"天开于子，地辟于丑"，古人历来将牛视为开天辟地的力量之一。人们之所以赞颂牛，也在于牛所拥有的这种勇于开拓的劲头。而这种劲头，恰恰是我们在攻坚克难中奋进、在披荆斩棘中前行的力量所在。著名物理学家钱三强教授在年逾花甲时，仍干劲十足，经常工作到深夜。有人问他多大岁数了，他回答："属牛的。"以牛自况，不仅仅在于他生肖属牛，更在于他性格属牛——像其父亲钱玄同所寄望的，始终发扬属牛的那股子"牛劲"。也正是这么一股子"牛劲"，让他成为中国原子能事业的奠基人，为我国研制原子弹和氢弹做出了突出贡献。无论时代如何变化、社会怎样发展，这股子"牛劲"永不过时。（《像牛一样耕耘　像牛一样奋发》，《人民日报》2021年2月11日）

☼ 读写提示：

> 钱三强以牛自况，"属牛的"，话语具有陌生化、实证化、节制化的特点，契合语段观点，很有说服力。

第10课 例证段章法 "句句到位"

举例论证，不是简单地"举个名人例子"就完事了。例证段的具体写法是怎样的？如何就例子展开具体论证？这一节课就侧重谈一谈运用事实论据来以理服人的"例证段"行文的章法都有哪些。

段落是句子的集合，句与句之间要有接续，讲求逻辑关系。很多时候，我们在读有些文章时觉得不知所云，往往是因为每个句子自成一理，整合成一个段落便成了"拼凑"。议论文写作尤其要注意句子之间的关联，要着意建立句子之间紧密的逻辑关系。

一、举例论证"翻车"一览

我们把下列举例论证视为"翻车现场",大家看看以下语段为何"翻车",其弊端在何处。

组1

①日本摄影师星野道夫,一个生活在世界边缘看景物的人⋯⋯

②但对于日本作家村上春树来说,他的机遇取决于他独一无二的视角⋯⋯

③威尔玛·鲁道夫,从小就梦想能站在世界冠军的领奖台上⋯⋯

④曼德拉,一位德高望重的领袖⋯⋯

一般地,以人物名字直接作为段首的"例证段"往往是介绍某人某事,难免有"以叙代议"之嫌。

组2

①一个人重要的不是站在人生的哪个位置表演,而是不论站在哪个位置,都能奉献出最好的"表演"。吴孟达曾荣获香港电影金像奖最佳男配角奖,他与周星驰组成了喜剧电影的黄金搭档。从《赌圣》到《流浪地球》,吴孟达甘做配角二十余年,凭借出色的表演留下了无数经典的银幕形象,赢得了"金牌绿叶"的美誉。("配角的位置与价值"主题习作片段)

②做自己,与自己携手共进,即使不能凌绝顶、览众山,也必能无愧于己、无愧于心。王阳明在经历对"格物致知"的不懈反思后,最终毅然决定听从内心的声音,创立了"阳明心学",流芳百世,千古传颂。("做自己"主题习作片段)

	共同点	不同点
组1	"说理"不突出,例后都没有展开分析	没有观点; 每段的开头先把一个人名"砸"出来,再讲他的诸多事件之一,或是叙述他的生平,或是叙述他的经历; 直接简单举证
组2		有观点提挈例子,但之后没有"就例说理",没有契合观点进行有针对性的分析说理

在这样的例证语段中,即便事实论据涉及古今中外,看起来很翔实,无所不包,但离议论文还差一个"说理"的距离。简单堆砌事例的"枚举式"行文方式,绝不是议论文侧重"议"和"论"的说理方式。

二、例证段的基本结构

一般来说,观点是一种推测、判断,而例证段是将事实作为论据,通过分析事例,揭示其中蕴含的道理，说明它与观点（论点）的联系，将事例和道理相结合，使论据与论点融成一个有机的整体，并有力地论证论点的段落。而要达到这种效果，就要掌握一个例证段的基本章法、具体结构。

①赫赫有功是因"计天下利"的忘我。②"只有在看透了小我的狭隘与无常以后，才真正会把自己投向更广大更高远的一种人生境界。"③计利小我者，只会"汲汲于富贵"；计利天下者，才能"眼放长空得大观"。④著名地球物理学家黄大年，不留恋剑桥大学顶级教授头衔、花园洋房、私人诊所等显赫名利，"振兴中华，乃我辈之责"的家国情怀，让他毅然回归报效祖国。有了赫然成果，领导催他准备申报院士材料，他一拖再拖；面对国家急需，他却只争朝夕，仅用五年时间就研发出西方国家需要二十多年才能研发出的地球深部探测装备。⑤这种"计利当计天下利"的名利观，正是无数报国者舍个人之利、兴国家之业、求民族之荣的精神火炬。（马祖云《"赫赫有功"与"默默无闻"》，《人民日报》2018 年 4 月 3 日）

这个典型的例证段结构层次清楚，论证有力。我们"知其然"，更要"知其所以然"，对其加以辨析并拆解，我们会发现这个段落是由以下几类典型的句子构成的：

①观点句，②③阐释句，④例证句，⑤分析句+总结句。

黄大年的事实论据之所以能够论证"赫赫有功是因'计天下利'的忘我"这个观点，除论据典型外，关键在于例证段对这个论据进行了分析，揭示了"计利当计天下利"的名利观的实质。

当然，如果从考场作文的角度，我们还可在④⑤之间再加述评句，这样会更加突出"议论"的特质。

一般来说，一个典型的例证段由以下几类句子构成：

用这样的章法规范自己的例证段写作可以做到：

第一，观点统率例子，用材料支撑观点，建立材料与观点的紧密联系。突出议论的"议"，去除起句即是人名的"叙"的即视感。

第二，"以议带叙"，而非"以叙代议"。观点句、阐释句、分析句都在说理，只有例证句是在举例，而举例为的是说理。这样可以避免出现初学议论文时最容易犯的"以叙代议"的问题，唯其如此，才能体现议论文"以说理见长"的特点。

第三，观点鲜明。例证段段首的观点在整篇文章中应是为论证中心论点而派生的一个个"分论点"。

当然，议论文写作不是整齐划一而缺少个性的标准化生产。在学会议论文的写作后，例证语段的写作可以自我创新、多元化呈现。

三、例证段的章法"小贴士"

1. 一段话只说一个观点

考场作文的阅读对象是阅卷老师，他们是特殊情境里的阅读者，可以设定为"懒人读者"。这个设定要求我们给阅卷老师的阅读提供最大的方便，让他们能最准、最快地获取信息，要求我们"千方百计"抓住老师阅读的注意力。根据这个设定，我们在写每一段时不要让一段承担太多的功能，一段只说清一个观点、切合一个主题。如果有第二个观点，不妨在另一段另说。如果多个观点放在一个段落里，会显得该段落复杂、臃肿，不利于"懒人读者"阅读。

2. 第一句话是主题句

第一句话就交代主旨、主题、观点。这种总结句前置的写法被称为"倒三角"结构，运用演绎法，先出观点，再呈理由和证据。这种写法的目的也是方便"懒人读者"轻松、迅速地获取本段的核心观点。

3. 一段的字数控制在 150 字左右，陈述例子的文字在 80 字以内

分段说理，从结构布局来说，是一篇文章的基本设定；而从"懒人读者"设定来说，需要攫住读者的阅读注意力；更重要的是从议论文的思路、层次、逻辑等方面着力。陈述例子的文字最好不超过 80 字，以防止"以叙代议"。

◦ 读写实践 ◦

1. 落笔自问：

（1）段首是否有观点句？

（2）是否有对观点句进一步阐释？

（3）例子是否足够精练（80 字以内）？

（4）是否有分析说明材料与观点的内在联系？

2. 阅读下面语段，与段落的基本结构（主题、阐释、例证、观点）——对应，看看缺了什么类的句子，试着补上。

生活需要仪式感。庄子有言，"夫鹓鶵发于南海，而飞于北海，非梧桐不止，非练实不食，非醴泉不饮"，有高洁追求，使鹓鶵从食腐鼠属的鸱中脱颖而出，它自识清高而能自我约束，有自我追求。求衣求暖、食饱则安，从来不是生活目的本身。唯

有以认真的态度对待生活，唯有以仪式感对待生活、生命，才能感受到生命之重，才能认识到生命不可思议的精彩之处。

☀ 读写提示：

> "生活需要仪式感" 主题句后缺了阐释句，可以加上：
>
> （1）仪式感体现自我追求和志趣，使人拥有更高的精神追求。
>
> （2）仪式可以使人感到生活不再庸碌。

3.阅读以下材料，找准立意，写一个例证段。

有人问苏格拉底："您是天下最有学问的人，那么您说天与地之间的高度是多少？"苏格拉底毫不迟疑地说："三尺。"那人不以为然："我们每个人都有五尺高，如果天与地之间只有三尺，那不是要戳破苍穹吗？"苏格拉底笑着说："所以，凡是高度超过三尺的人，要立于天地之间，就要懂得低头。"

"低头"的智慧，并不只出于智者之口。也许类似的变化曾经发生在你的身上或身边，也许你对此有自己的感受和思考。

☀ 读写提示：

> "低头的智慧"包括谦逊、忍让、谦卑、成熟或懂得能屈能伸等。
>
> 以下句子可以作为观点句置于段首：
>
> （1）该低头时且低头……
>
> （2）低头不是"成仁"抑或"成寇"，相反，有时它还是一种成功……
>
> （3）低头的智慧，看似矮人一截，实则高人一等……

第 11 课　"花式"引证　由"强迫症"到"失忆症"

引用论证是指引用公理、名言警句、经典著作、谚语、成语等作为论据来分析问题、说明道理的一种论证方法。议论文的诸多论证方法中，"引经据典"的引用论证可谓"无敌"王者，我们可以用"四最"来概括它的特点：最容易上手，最能突出论据的权威性，最能增强议论文的说服力，最能彰显写作者的文化底蕴。

一、为何"引"——引用论证的作用

`语段1` 在人生中穿行求索，以毅力和借鉴作为随身的武器，才能让我们更加自如。

`语段2` "有时，我可能脆弱得一句话就泪流满面；有时，也发现自己咬着牙走了很长的路。"莫泊桑所言正是人生行走时最应拥有的姿态。在人生漫漫修远的长路中穿行求索，以毅力和借鉴作为随身的武器，才能让我们更加自如。

比较语段1"不引"与语段2"引"，我们会发现语段2因为运用引用论证而使表达言之凿凿，且典雅蕴藉有文采，能够大大增加说服力。正因为此，对初学议论文写作的同学们来说，写议论文时，面对任何一个主题的写作，都要有意识地运用引用论证来说理。这个过程可能要搜索枯肠、绞尽脑汁，我们姑且称之为患上"引用强迫症"，其实质是完成从"自说自话"式的行文风格向有理有据的议论文写作风格的转变。我们也可以浅俗地称之为引"金句"，用上之后语段就闪闪发光，可谓"引证无敌"。

二、怎么"引"——引用论证的样式

根据引述的方式，我们把引用论证粗略地分为"直接引用"和"间接化用"，以语段2为例：

"有时，我可能脆弱得一句话就泪流满面；有时，也发现自己咬着牙走了很长的路。"（直接引用）莫泊桑所言正是行走时最应拥有的姿态。在人生漫漫修远的长路（间接化用，化用屈原"路曼曼其修远兮"诗句）中穿行求索，以毅力和借鉴作为随身的武器，才能让我们更加自如。

两者具体的区别如下：

	形式上	内容上	运用特点	示例
直接引用	整句加""	相对陌生、完整的语料	"整"——整体用	① ××曾说："……" ②"……"××的这句话 ③《××》有载："……"
间接化用	个别词语加""或不加	耳熟能详的、众所周知的语料	"散"——采撷式，碎片化，嵌入式引用、拆引	①唯有如此，才有了"水穷云起"的旷达与澄澈 ②不愿做"池鱼""羁鸟"的士人辞了官，为的是能获得"复得返自然"的快乐

如何运用直接引用和间接化用，我们要注意以下三点：

1. 变直接引用为"花式引用"

特别要强调的是，虽然我们建议多用引用论证，但行文中却也要注意技巧。同学们在引用论证时动辄"××曾说：'……'""正如某某所言……"，通篇文章都是直接引用，难免显露"没有自己的观点、没有独到的分析"的弊端。因此，务必要注意行文中不能每处都是直接引用，尤其不能每段段首都是直接引用。

即便是言之凿凿的论据，我们也要学会"花式引用"。我们用以下句式来替代"××

曾说……"，就能避免生涩的引用。

①"……"××的一句是最好的明证。

②××"……"之言对此做了最好的注脚／诠释。

③"……"××如是说。

④××曾疾呼／痛批／歌吟"……"

⑤"……"××的话可谓切中肯綮。

⑥恰如××所谶"……"（必须是要应验的预言、预兆）。

2. 从直接引用到嵌入式引用

嵌入式引用，更能体现写作者对文字的掌握能力，在同样的字数范围内，信息量较直接引用更大，文章更易做到论据翔实、材料丰富。

勇攀高峰、自强不息的品质不仅是个人修养的关键，也是中华民族自古以来的道德要求和精神特质。周文王自身，也是被困多年而作出《周易》，"君子以自强不息"则更是影响了无数华夏儿女，从孔子的"学而优则仕"到范仲淹的"先天下之忧而忧，后天下之乐而乐"，再到梁启超的《少年中国说》，其中将天下与个人命运相关联的情怀，无一不是发源于"自强不息"的精神，正是这种勇攀高峰、自强不息的精神，支撑着一代又一代的华夏儿女在历史的长河中走出了属于自己的道路。由此可见，持有这种品质，不只是对个人修养的要求，也是对民族精神的传承与实践。（2017年全国 II 卷高分作文《试上高峰窥皓月》）

这个语段将周文王之语、孔子之言、范仲淹之话和梁启超之文，巧妙化用为文中的例子、句子的有机组成部分，使论证和例子"水乳交融"，说理气势酣畅，论证到位。

3. 从直接引用到"化典"

如何让引用论证走向高阶，我们更要做的是将引用之语与自己的语言融为一体，巧妙地"化"在自己的语言表达中。

①尼采高呼"上帝死了"而发出太阳般的锐利光芒时，全社会斥之为疯子……（将尼采的旷世名言"上帝死了"和他的生平遭际都糅进语言表达里）

②"盛衰无常""渔阳鼙鼓"终让大唐盛世沉埋于历史尘埃之中。（化用了白居易《长恨歌》中"渔阳鼙鼓动地来"的名句，借指安史之乱后大唐由盛转衰的史实，贴合此句的文意表达）

③1998年12月19日，钱锺书这只产下许多文艺巨蛋的"母鸡"溘然长逝……（将钱锺书曾婉拒外国记者求见的名言"假如你吃了个鸡蛋觉得不错，何必非得认识那只下蛋的母鸡呢"融合在此句中）

上述三个句子更着力于语言上的不露痕迹的雕琢。它们没有赘述或直接引用，而是把名言、生平、评价等"糅""融""化"进自己的语言表达中，使引用成为自己句子的有机组成部分，语言有张力，也有书卷气、典雅气，读起来有"天然去雕饰"的浑然天成之感。这样"不引而引"的"化典之功"是每一位同学都要用心学习、努力达到的引用论证的境界。

三、何处"引"——引用论证的用法

有的同学可能会疑惑何处可引、何时可引。其实，在写作中无时无刻不能"引"。但就初学议论文的写作者来说，要有具体的规范和操作路径。一般地，我们有意地引用以论证自己的观点，也可以直接作为论点、论据。

1. 引用作为观点或分论点

"当我们真正热爱这世界时，我们才真正活在这世上。"泰戈尔这句话对生活态度的阐释可谓鞭辟入里。改变生活态度，尝试接受生活中的悲欣苦乐，以更开阔的眼光，跳离悲剧底色，获得释怀。

公理、名言警句等可直接作为自己的观点或者分论点，紧接着作合理的阐释，以契合自己要表达的观点或话题。此语段是把泰戈尔的话语直接作为自己的观点来立论的典型。

2. 引用以阐释观点

让生活的快节奏慢下来，才能用心感受生活。木心曾在《从前慢》一诗中说："从前的日色变得慢，车、马、邮件都慢，一生只够爱一个人。"慢的是节奏，慢的也是心境。

用木心《从前慢》的诗句来呼唤"慢"的心境的回归，来对"让生活的快节奏慢下来"这一观点作具体的阐发。

3. 引用作为论据

当整体与个体利益发生冲突时，配角的价值也由此凸显，叶嘉莹曾提出"弱德说"——一种苦难中的隐忍与坚持，但绝非懦弱，而是另一程度上对自我的升华。梁启超曾提出"群德说"，他认为社会总是需要一种大众的道德来维系。以此类比，配角既在此般"弱德"下提升自我，也在"群德"之下维系整体的存在。倘若没有配角的衬托与配合，人生的故事无法推进，剧情也无法持续，更谈不上主角的光鲜亮丽。

以叶嘉莹的"弱德说"和梁启超的"群德说"为论据，极具说服力。这种引用经典著作、历史文献、数据资料，用作论据以阐释观点、论证观点的引用论证最为常用。

四、如何"引"——引用论证"记"与"忌"

议论文的内核是讲道理，重"理据"，因而引用论证不是一"引"就完事，需要同学们"四记"，即记得要真实、针对、简明、阐释，同时也要规避"四忌"，即忌张冠李戴、无的放矢、以引代论和有引无证。

1. 真实性 VS 张冠李戴

在许多同学的作文里，名言是可以张冠李戴，甚至胡编乱造的，"沃茨基梭德"（我自己说的），或者屠呦呦说的话变成霍金说的，甚至有同学会写"周易曾说过""肖申克曾说"……一本书、一个监狱都能说话，令人咋舌。这种写作态度着实要不得，这样的"硬伤"会使作文大大失分。

2. 针对性 VS 无的放矢

引用的目的是以理论依据来论证论点，使读者信服此观点。所以需要的是有针对性地恰切引用，而不是引用大咖名人的言论来"显摆"，装"高大上"。

3. 简明性 VS 以引代论

秉着引用是为了论证的终极目的，在引用时要做到简洁明了。若整句整段地引用，以引用来代替论证，反而会使论证力度减弱，本末颠倒。须知，"论""证"是引用论证的核心。

4. 阐释性 VS 有引无证

有专家调侃中学生写议论文是"名言荟萃、名人开会"，其根本原因是很多学生的文章只"引"不"证"，仅仅"搁"下名言就完事。与其他论证方法不同的是，引用论证要在"引"和"证"之间有"论"的过程，我们把这个"论"称为引用论证的阐释性，即用自己的话对所引用的话语进行分析、阐释，以契合自己要借此表达的观点。

五、由"强迫症"到"失忆症"

如果一味地引用权威人物的语言和众所周知的公理，用"叠加式"的引证法，往往会犯一种传统的"诉诸权威"的逻辑谬论。当我们在议论文中写"尼采说……""加缪说……""马克思说……"时，其实是"以人为据"的表现，以权威人士的只言片语为论据来肯定一个论题，或以权威人士从未提出过某命题为论据来否定一个论题。因而，在强调引用论证"强迫症"之后，我们强调再"患上'失忆症'"，即写议论文更侧重深入论证而少用引用论证，多用自己的语言来表达观点，重在建立语句、语段的逻辑关系。

◦ 读写实践 ◦

1. 请分析下段文字的引用样式，找出引用论证的句子并写出其具体的出处。

《庄子》有言："丘山积卑而为高，江河合水而为大。"唯有"厚积"才能"薄发"，远方和彼岸都是"始于足下"，而不是一步到达……

☀ 读写提示：

> 《庄子》有言："丘山积卑而为高，江河合水而为大。"（直接引用）唯有"厚积"才能"薄发"（间接化用，化用苏轼"博观而约取，厚积而薄发"），远方和彼岸都是"始于足下"（间接化用，化用老子"千里之行，始于足下"），而不是一步到达……

2. 默写出几句你认定的"金句"。

☀ 读写提示：

> 得寸进寸，得尺进尺。——胡适
> 物来顺应，未来不迎，当时不杂，既过不恋。——曾国藩
> 世界上只有一种真正的英雄主义，那就是看清生活的真相之后依然热爱生活。
> ——罗曼·罗兰
> 如果你有两块面包，你当用其中一块去换一朵水仙花。——穆罕默德
> 看不见是一种局限，看得见同样是一种局限。——毕飞宇
> 我喜欢一棵年轻的北美白杨，因为有一天它会老去。——利奥波德
> 循此苦旅，以达天际。——拉丁谚语
> 命运赠送的礼物，早已在暗中标好了价格。——茨威格
> 真理之川从他的错误之沟渠中流过。——泰戈尔

3. 微写作。

试以"减肥"为话题，引用或化用一句名言。

注意：不能引用"女人，要么瘦，要么死"之类的语句，要注意引用典型性。

示例：莎士比亚说过："生存还是死亡，这是个问题。"对减肥者而言，最大的问题是"吃还是不吃"。

☀ 读写提示：

> （1）美食给了我过于肥硕的身躯，我要用它来减肥。
> （2）"冬天来了，春天还会远吗？"都减了5斤了，减10斤还远吗？
> （3）宁教我负娇美的身材，休教美食负我。

4.请分析下列引用论证语段犯了哪些"忌"。

清人张潮在《幽梦影》中说:"春听鸟声,夏听蝉声,秋听虫声,冬听雪声,白昼听棋声,月下听箫声,山中听松风声,水际听欸乃声,方不虚生此耳。"人只有坚持自我才能真正战胜时间。

☀ 读写提示:

（1）以引代论,没有做到简明性原则,引用语句冗长。

（2）无的放矢,针对性不强。《幽梦影》之句与"坚持自我""战胜时间"没有关系。

第12课 取材有道　文言语料的"华丽转身"

议论文写作中,论证最为有效的方法是通过事实说话,实证、精细的材料具有无可辩驳的逻辑力量和理性说服力。大家都懂这个道理,但苦于"巧妇难为无米之炊",尤其是考场写作时,要用上与主题匹配度高且多角度的丰富素材往往捉襟见肘。对此,我提倡大家多阅读、深思考、广积淀。

这一节课,我们要学习"阅读生成写作"具体操作策略,让文言文阅读材料"秒变"写作素材,以解决同学们因为阅读时间少、阅读量不够而缺乏写作素材的问题,让同学们能在读懂、读好、读深每篇文言文语段的基础上,将其纳入写作素材中。

文言文阅读,一般来说,我们是循着"阅读—做题—校对答案"这样的思路完成实词理解、断句、内容理解、翻译句子等题目的。如果再仔细一点的同学,可能会在校对完答案之后将相关的高频、重难点词语做摘抄积累。如何在类似的理解语段内容的基础上再做读写结合练习?如何将阅读材料"秒变"为写作素材?

下面我们以《旧唐书·柳宗元传》为例,来探讨如何让文言文语段"华丽转身"为写作素材。

柳宗元传

柳宗元,字子厚,河东人。后魏侍中济阴公之系孙[①]。曾伯祖奭,高宗朝宰相。父镇,太常博士,终侍御史。宗元少聪警绝众,尤精西汉诗骚。下笔构思,与古为侔。精裁密致,璨若珠贝。当时流辈咸推之。登进士第,应举宏辞,授校书郎、蓝田尉。贞元十九年,为监察御史。

顺宗即位,王叔文、韦执谊用事,尤奇待宗元。与监察吕温密引禁中,与之图事。

转尚书礼部员外郎。叔文欲大用之，会居位不久，叔文败，与同辈七人俱贬。宗元为邵州刺史，在道，再贬永州司马。<u>既罹窜逐，涉履蛮瘴，崎岖堙厄，蕴骚人之郁悼②，写情叙事，动必以文</u>。为骚文十数篇，览之者为之凄恻。

元和十年，例移为柳州刺史。时朗州司马刘禹锡得播州刺史，制书下，宗元谓所亲曰："禹锡有母年高，今为郡蛮方，西南绝域，往复万里，如何与母偕行。如母子异方，便为永诀。吾于禹锡为执友，胡忍见其若是？"<u>即草章奏，请以柳州授禹锡，自往播州</u>。会裴度亦奏其事，禹锡终易连州。

柳州土俗，以男女质钱，过期则没入钱主，<u>宗元革其乡法。其已没者，仍出私钱赎之，归其父母</u>。江岭间为进士者，不远数千里皆随宗元师法；凡经其门，必为名士。著述之盛，名动于时，时号柳州云。有文集四十卷。元和十四年十月五日卒，时年四十七。子周六、周七，才三四岁。观察使裴行立为营护其丧及妻子还于京师，时人义之。

（选自《旧唐书·柳宗元传》）

注释：①系孙：远世子孙。②郁悼：忧思郁积。

一、定句：文言文语段"点"的挖掘

撇开做题的思维，我们重新阅读这篇文章，你没有感受到柳宗元千古高风的节义？有没有让你久久不能平静、荡气回肠的细节？请在文中把这些语句一一画出来：

①既罹窜逐，涉履蛮瘴，崎岖堙厄，蕴骚人之郁悼。

②写情叙事，动必以文。

③即草章奏，请以柳州授禹锡，自往播州。

④宗元革其乡法。其已没者，仍出私钱赎之，归其父母。

⑤江岭间为进士者，不远数千里皆随宗元师法。

这五个句子是整篇文章中最能烛照柳宗元人物遭际、创作风格、精神风骨的典型之处。我们来分别加以研读分析：

①身世坎坷、命运多舛、遭际困厄，某种意义上成就了柳宗元出众的文才。

②"写情叙事，动必以文"，柳宗元的诗文动乎情，发乎心，表其志。

③"以柳易播"是千古佳话。因刘禹锡被贬到环境恶劣、偏远的播州（今贵州遵义），柳宗元担心刘禹锡可能要和年高的母亲"永诀"，他毫不犹豫地选择了"即草章奏"，请求和他调换任职地。"义"字当头，此为朋友排难解忧、不计个人得失的壮举可让我们洞见他光风霁月的高尚人格。

④"仍出私钱赎之，归其父母"，作为谪官的柳宗元，其俸秩未必高，可能自身也家贫物乏，但是对已经被钱主没收的"男女"，却自己"出私钱"将他们赎回，归

还给他们的父母。父母官能够做到这样,不由得让人肃然起敬。

⑤长江至岭南之间的学子不远千里来追随柳宗元学习,凡是经过柳宗元指点的人一定会成为名士,可见柳宗元的学术地位、声望和教育能力。

文言文阅读不是做题了事,我们需转变思维将其视之为"宝藏"写作素材,要先聚焦、铆定句子——"定句",再加以研读分析,发现"闪光点"。

二、归类:文言文语段"点"的提升

史传类文言文中的人物,有言有行,而且往往被刻画得细致入微,是非常典型的论据。在聚焦挖掘"点"之后,我们按"放大—提升—归类"的思路,将其制成思维导图。

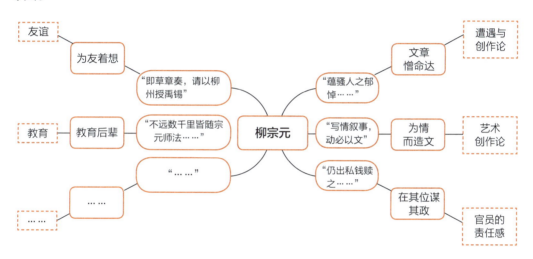

1.[创作论]"文章憎命达"(杜甫)

柳宗元"既罹窜逐……蕴骚人之郁悼"恰是"文章憎命达"的文学表现,即身处逆境之人大多能发愤刻苦著述,文采斐然,流芳千古;而命达之人养尊处优反而难以写出好文章。正所谓"不平则鸣"(韩愈),"诗穷而后工"(欧阳修),"天以百凶成就一词人"(王国维),司马迁、杜甫、李煜、李清照、曹雪芹……莫不是如此。世态炎凉、物质穷困、命途坎坷、怀才不遇等触动了文人的心灵,从而爆发出源源不断的创作动力,写出千古传诵的奇文。"国家不幸诗家幸"(赵翼),困厄是文人的不幸,但又是文学的万幸。

2.[美学观]"为情而造文"(刘勰)

柳宗元的诗文作品都是真情实感之作、性情之作,我们可以将这一创作特点归类于刘勰在《文心雕龙·情采》中提出的美学观点——"为情而造文",即情、文互相依存，无文则情不能表现，无情则文无所附丽，以情为主，创作者须有真实饱满的思想感情，作品才能文辞精练，真实动人，达到真与美的统一。

3. [义利观]"士穷乃见节义"（韩愈）

韩愈在《柳子厚墓志铭》一文中盛赞柳宗元"以柳易播"之举，说柳宗元"请于朝，将拜疏，愿以柳易播，虽重得罪，死不恨。遇有以梦得事白上者，梦得于是改刺连州。呜呼！士穷乃见节义"。在困境中见节操，在患难中见真情。此举表现出的高风亮节，在当时已经具有警世鞭浊的震撼力量，其后更是演绎成了千古高义佳话流传至今。

4. [责任感]"在其位谋其政，任其职尽其责"

中国古代许多文人虽然历经仕途起伏、身遭厄运却始终不改其操守，无论是在地方主政，还是在朝中辅政，都尽职尽责。作为谪官的柳宗元始终关心民生、重视民生，解放奴婢，改革土俗，真正做到"为官一任，造福一方"，恪守职责、至忠至诚。"出私钱赎之，归其父母"，他不以自己的得失为念，心念国计民生，足见一个士子的悲悯情怀。

5. [教育]"有如时雨化之者"（孟子）

柳宗元才名远播，文动天下；他重视文教，春风化雨、润物无声，以自己的文化素养、人格魅力影响、鼓舞青年人，"不远数千里皆随宗元师法"；他谆谆教导，"凡经其门，必为名士"，效果卓著。

三、入文：文言文语段"点"的论述

"点"的聚焦分析使我们撷取要点，将《旧唐书·柳宗元传》应用到诸如创作论、教育观、士子的担当情怀等话题的写作上。我们一起来看看上述分析在具体写作中如何应用。

角度1 [义和利]"义和利"，对于两者的选择时常会成为一个难题，许多人会为了利益而放下"义"，但柳宗元却选择了"义"，正如《旧唐书·柳宗元传》所载，他"即草章奏，请以柳州授禹锡，自往播州"。挚友刘禹锡因老母年高，不便去播州上任，柳宗元便自愿上奏用柳州刺史与其交换。播州一去，且不说当地之蛮荒瘴疠，更可怕的是此去或许无返回京城之可能。柳宗元不可能不知道其中的利弊，这世上又有多少人能够做到他这样，为他人着想而放弃自己的利益？

角度2 [友谊]在一个人身处异乡、陷入困境之时，恰是挚友能给人温暖和帮助。《旧唐书·柳宗元传》记载，当柳宗元知悉刘禹锡将远贬播州时，他并没有因为刘禹锡的桃花诗使自己惹祸而心存怨恨，反而是"即草章奏，请以柳州授禹锡，自往播州"。

戴罪之身的他念及挚友老母年高，不能偕行，一个"即"字，情义毕现，人格毕现。如此大义凛然之举，足以彰显其情义之深重。

角度3 [磨难成就才华]"世界上只有一种真正的英雄主义，那就是看清生活的真相之后，依然热爱生活"，柳宗元在他的磨难中从未失去对生活的热望，《旧唐书·柳宗元传》记载，他忧思郁积，"为骚文十数篇"，他寄情山水，致力于排遣内心忧闷。贬谪文学在他身上大放异彩，"永州八记"成为山水游记的典范，一个个方块字浸染着他独有的个人魅力，柳宗元的梦不在于创作，可梦成于文学创作。

角度4 [文章憎命达]杜甫有言："文章憎命达。"有时磨难，非但没有打败失意文人，还让他们在苦难当中，看淡了世间的荣辱得失，挥笔著文。柳宗元正是在磨难中重生的一位，《旧唐书·柳宗元传》记载，柳宗元在前往邵州的路上改贬永州，罹患此难的他忧思郁积，文思上涌，"为骚文十数篇，览之者为之凄恻"，他将贬谪文学推上了一个新的高峰，更让人懂得磨难可以长志的道理。

角度5 [责任感]责任感铸就一个大写的人。几经波折的柳宗元没有因此一蹶不振，在柳州，他担起父母官的"责任"，《旧唐书·柳宗元传》记载，他为官兢兢业业，"革其乡法。其已没者，仍出私钱赎之，归其父母"。在这里，他已不是朝廷棋盘当中一枚无生命的棋子，而是凭借着自己的文化人格，营造着一个小天地的人。因为"在其位谋其政"的责任感，柳宗元把僻远的角落变成了人人心中向往的精神故乡。

以上几个写作范例对大家有没有启发呢？这样的语段入文作为例证段是不是特别"实证化"，很有说服力？我们概括其运用的要义为：

观点＋阐述＋（概括、转述）《旧唐书·柳宗元传》载"×××××"＋评析＋总结

这其实是典型的例证段的写法，需要注意的是，因为引述的是文言典籍，所以需要概括或转述前因后果，也需要对引述部分加以切合文本和观点的"评析"，这样才能揭示与观点间的逻辑联系，形成不可辩驳的逻辑力量。这样的论据运用有三大优点：

①典型性。一般来说，我们文言文训练的选文大多来自中国古代文献中的典籍，许多史传类的选文来自"二十四史"。

②精练性。例证所援引的原句，能充分概括材料中最有效的信息、凸显人物的精神风貌。

③充分性。引述的部分少而精，只撷取能够论证观点的部分，追求例证素材的"节制化"，而将重心更多地置于说理层面，让说理得以充分地展开。

循着"定句—放大—提升—归类—入文"的思路，开卷有"疑"。

• 读薄：快速抓住语段的核心，究竟需要定哪一句？

- 读厚：提炼材料的哪个要点？如何精准分析其内涵？
- 建立关联：什么样的话题可以用这些素材？素材可以应用到哪些话题？

这样，文言文语段"华丽转身"，将文言文阅读的"做题"与"写作"联系起来，读写结合，相得益彰。

敲黑板：

（1）转变思维，文言文阅读不是做题了事，往往是写作素材"宝藏"。

（2）找"点"，挖"点"，是知识库存的盘活，是思维的深入，是整合能力的体现。

（3）不仅是"为文寻例"，写作技法的背后是思维的提升，能增进对中华优秀传统文化的理解和认同，增强文化自信。

○ 读写实践 ○

1. 根据下面提供的《三国志·华佗传》节选，请自选角度，自定立意，写一个引典籍入例的片段。

府吏倪寻、李延共止，俱头痛身热，所苦正同。佗曰："寻当下之，延当发汗。"或难其异。佗曰："寻外实，延内实，故治之宜殊。"……太祖闻而召佗，佗常在左右。太祖苦头风，每发，心乱目眩。佗针鬲，随手而差。……佗之绝技，凡此类也。然本作士人，以医见业，意常自悔。后太祖亲理，得病笃重，使佗专视。佗曰："此近难济，恒事攻治，可延岁月。"佗久远家思归，因曰："当得家书，方欲暂还耳。"到家，辞以妻病，数乞期不反。太祖累书呼，又敕郡县发遣。佗恃能厌食事，犹不上道。（选自《三国志·华佗传》）

☀ 读写提示：

示例1：睁眼看事是指在做事时需触其本质，不只浮于皮毛。《三国志·华佗传》载，华佗为两人治病，两人"俱头痛身热，所苦正同"，但他因两人外实、内实之别而采用了两种截然不同的疗法。为人处世也是如此，若常为表象所欺骗，行动便会有所错谬，结果也往往会和本心背道而驰。

示例2：人的一生中不应该只注重金钱、名利、地位。这些固然重要，但精神上的高雅淡泊更值得我们为之"上下求索"，在世俗的急流中坚守内心的那份清高实属不易，华佗身怀绝技，他本可高官厚禄，坐享荣华，但是《三国志·华佗传》载，他"辞以妻病，数乞期不反"，辞以妻病不返，自有不慕名利的追求。

2. 请分析下面这个语段中典籍的运用。

俗语"响鼓不用重锤敲",是比喻聪明人不用多指点就能领会意图把事情做好。然而,一个素质再好的人,不经反复雕琢、历练,其聪明才智也不可能得到充分发挥。就如王安石笔下的仲永,虽天赋极佳,属"响鼓"之列,但忽视后天培养造就,最后也"泯然众人矣"。可见,从人才培养角度考虑,一定程度上说,响鼓也需重锤敲,关键是掌握好"敲"的技巧和力度。(选自黄尧祥《响鼓也需重锤敲》,《解放军报》2014年7月22日)

☀ 读写提示:

> 本段例证将王安石《伤仲永》一文中的仲永因忽视后天的培养而"泯然众人矣"的事例,作为反面论证的材料来证明"一个素质再好的人,不经反复雕琢、历练,其聪明才智也不可能得到充分发挥",用这样的典型事例加以论证,使论证更具体、更有说服力。

第三章
CHAPTER 3

篇章结构的锻造

第13课 取题 取一个高端的标题

大家都知道作文的标题，犹如龙的眼睛，取一个好标题，有画龙点睛之大用。都说"题好一半文"，但在议论文写作中，许多同学的标题往往急就而成，同学们对取题不以为意，不甚上心。这节课我们探讨拟高端标题要 Get 的大招。开讲之前，请大家做个选择题。

一般地，你怎么取题？（可多选）

A. 拿话题作为作文标题

B. 关键词前后加几个字

C. 写完作文后随便安个标题

D. 偶尔有"无题"的情况

E. 谈 ××/×× 浅谈（浅议 / 刍议 / 浅析）/×× 之我见

显然，这五个选项，大家或偶有其一或兼而有之。而这样的取题方式恰恰是取题的大忌，往往会直接拉低文章水准。像 D 项忘记取题的文章，实际上远不像阅卷标准里的"未写题目扣 2 分"这样量化精确减分，它关乎阅卷老师所给的印象分，而印象分是不可估算的。而像 E 项"谈 ××""×× 浅谈 / 浅析"之类的标题，比如"谈律己""论平凡与伟大""论机遇""谈理想与立志""论感谢对手"等，因其"空""大""泛"，且所有文题都可套此题，只见思维惰性不见创造性，更要命的是，此类标题无法一窥写作者的思考深度、立意角度，因而此类标题也是"面目可憎"，极容易丢分的。

如何取标题大有讲究。当然，我们取好标题的大前提是审好题、立好意，在此基础之上，再用一个标题展现立意之高远，思考之深刻。本节课我们假设已经解决审题、立意上的问题，单探讨取题技法上每位同学要 Get 的新颖"大招"。

一、取题底线：加"动词"呈现自己观点

我们先来判定以下两个话题所取标题的优劣。

以"人生的屈与伸"为话题：A.《屈与伸》　B.《能屈方能伸》

以"诚信"为话题：A.《诚信》　B.《诚信为本》

显然，大家都会认为 B 项更好。因为 A 项"屈与伸""诚信"是话题内容，是要求同学阐明观点、生发议论的"论题""话题""主题"，取题最忌直接用话题做自己的作文的标题。一般来说，名词性质的词语，都不宜作为议论文的题目，因为议论

文的要义是有自己的观点和看法，取题的最低要求就是要明晰地"呈现自己的观点"，而观点的表达最直接的方法就是添加"动词"。比如，几则有关"时代楷模"张桂梅的时评的标题：《以平凡人生诠释初心》《让理想之光照亮奋进之路》《用品格力量标注生命的高度》。

[小贴士]在给"A与B"这类关系型话题取题时，比如在面对"坚守与放弃""道德与法律""自由与规则""失去与获得"等两个矛盾或相近概念的命题时，我们可以借用以下拟题模型来取题：

①与其××，毋宁××

②××之上，××之下

③××至善，××至上

④××诚可贵，××价更高

二、取题常识：从"是什么"到"怎么办"

我们在取题时经常出现各种错误，其原因在于我们没有厘清一个基本认知，议论文的标题往往就是要明示自己的基本观点，议论文的标题即文章的中心论点。有了这个基本认知后，我们再来看看，以下四个为下面这道作文题所取的标题出现了什么问题，你也可以思考如何改进使之成为优秀的标题（试着在横线上写下来）。

> 阅读下面的材料，根据要求写一篇不少于 800 字的文章。
>
> 高考临近，某中学为鼓励高三学生努力学习，在校园中张贴了大量内容各异的宣传标语，如"天王盖地虎，全考 985；宝塔镇河妖，全上 211""每天增一分，干掉千百人""考过高富帅，战胜官二代""只要学不死，就往死里学"等。这些标语引发了校内外各界人士的热议，有人认为这些标语的内容简洁有力，对学生是莫大的鼓励；有人认为这些标语的内容过于直白功利，会将学生的思想引入歧途；还有人认为学校教育理念和方法出现了偏差……
>
> 对于这件事，你有什么看法？请写一篇文章阐述你的观点和理由。

①《"榨干式"标语》→《＿＿＿＿＿＿》

②《现代版"范进中举"》→《＿＿＿＿＿＿》

③《励志不立志》→《＿＿＿＿＿＿》

④《竭泽而渔式教育》→《＿＿＿＿＿＿》

显然这四个标题已经切中这道作文题的审题要义，即批判标语所折射的功利化、短视化的教育价值观。但其缺点在于只揭示出"现象"的"是什么"，而没有给出自己对这类现象的、有态度和看法的"怎么办"。

其实，有了"标题是用以揭示出自己的基本观点"这样的基本理念后，将上述四个标题稍加修改，就能完成从"是什么"到"怎么办"的转变。

①《"榨干式"标语》→《"榨干式"教育不可取》

②《现代版"范进中举"》→《"中举"莫学"范进"》

③《励志不立志》→《励志不如立志》/《励志更要立志》

④《竭泽而渔式教育》→《"竭泽而渔式"教育可以休矣》

［小贴士］这里，我们还有一个小小的发现，要是标题所呈现的是负面现象，我们可以用"××可以休矣""××不可取""切莫××"这类"否定型"的模型来又快又好地取题。比如官媒对"奖孝金"一事（为了让子女更好地孝敬老人而设置的一个奖励基金）的几则时评的标题：《"奖孝金"不可取》《切莫用金钱承担孝心之重》《切莫让"奖孝金"寒了老人心》。

三、取题进阶：化用名句，妙藏典故

考场写作中，我们追求字字如珠玑，句句有箴言。在保证标题能够直揭观点的同时，还要追求"有文采"，有"书卷气"。若对上文所提有关高考标语的作文题取如下标题，你能发现它们有什么特点吗？

①《教育应如水》

②《"千教万教教做真人"》

③《"中举"莫学"范进"》

这三个标题看似寻常，实则都各有来头。

①泰戈尔："不是槌的打击，乃是水的载歌载舞，使鹅卵石臻于完美。"

②陶行知："千教万教，教人求真；千学万学，学做真人。"

③"范进中举"出自吴敬梓《儒林外史》。

如果能在标题中直接引用简短的名言自然是最妙不过了。但大家知道，拟写标题时，一般搜肠刮肚也难以寻到一句精准而又契合的名言。故而，我们提倡"化用名句，妙藏典故"，这是指化用与主题契合的名句，包括诗词、名言警句、成语、谚语等等，借用它们的结构，修改其中的若干个词，补上作文的关键词、核心词，这样也颇能彰显写作者的阅读量和思考深度。像③这样的标题中就潜藏典故，以典故来切中命题的要义，让阅读者一看就心领神会。这样的标题显得蕴藉而有文采，是我们要孜孜以求的高端的标题样式。

［小贴士］这种化用名句、潜藏典故的高阶取题法，会让标题含蓄凝练。必须申明的是，观点隐在标题里，妙在不说破却让人一看即知。简而言之，标题里有个让人一

看即知的"梗",但不能藏得太深,故切忌取成类似把"我爱你"说成是"今晚的月色很美"类文艺腔、不知所云的标题。

四、取题形式:对句、押韵、谐音、对比

以下两个标题有何特点?你认为它们是针对什么话题而拟的标题?

①《莫让"女权"成"女拳"》

②《让"无G的祖辈"跟上"5G的我们"》

这两个标题很有特点,用了当下盛行的"谐音梗",用一个标题就明示了全文的核心观点:①的观点是莫将追求女性与男性真正的平等与自由演变成追求女性自我利益最大化的极端女权主义;②的观点是祖辈迈过"数字鸿沟"要靠我们"数字反哺"。

前文所述关于"奖孝金"的另两则时评的标题——《"奖孝金"不如"尽孝心"》《让"奖孝金"唤醒"孝心"》,运用押韵的手法,形式上朗朗上口,内容上观点明确。

除了谐音、押韵之外,在取题上最容易上手的形式还有对句、对比等。比如有关"守正与创新"的作文的标题——《立足"稳态",追求"动态"》《要会"变",更要能"不变"》《于"不变"中立"万变"》,对比手法的应用使标题彰显说理的力量。

我们一起来看看就以下作文题所拟的标题。

> 阅读下面的材料,按要求作文。
>
> 每年高考前后,各地高三学生的撕书照片、视频等频现各大媒体。学生在教学楼前将废旧试卷和书页撒下,随着一声狂欢,瞬间碎纸如雪,飞了教室走廊一地。"撕书"仿佛演变成为一场肆无忌惮的毕业礼。
>
> 请结合材料,联系实际,自选角度写一篇文章。

由现象→策略可拟题为:

①《切莫"撕书"狂欢》

②《"撕书"可以休矣》

化用名句藏典故可拟题为:

①《生有涯,知无涯》(化用庄子名句"吾生也有涯,而知也无涯")

②《生无所息》(直接用孔子答子贡"生无所息"的名句)

以上标题自是令人叹绝。但考场写作时,由于时间所限,同学们可能很难在短时间内想到适合做标题的名言。基于此,我们不妨取如下标题:

①《放松自我,岂能放飞自我》

②《撕去的是书,留下的是输》

③《撕书不如"思书"》

④《撕的是书，输的是人生》

以上四个标题或用对句，或用谐音，或用对比，文字简短，但非常明晰地呈现了自己的观点，又能紧扣材料。在对句的运用上，用"四字＋四字"式或者"五字＋五字"式，可使标题符合议论文语言要求的严谨、规范。

［小贴士］这种方法启示我们取题有捷径：紧扣材料，拆解关键词。在"抠"出命题材料中的关键词后，在其前后添加词语，再在形式上努力下功夫，使之齐整化、对比化或者构成谐音式。

敲黑板：

（1）切忌用话题直接做作文标题。"使标题像个标题"，就要在标题中明确观点；同时标题又不宜太冗长，最好不要超过12字。

（2）精准切题。深入思考命题者的意图，做到"在别人止步的地方再进一步"。

（3）取题讲求艺术。艺术地取题，不妨紧扣关键词，在形式上多努力。

读写实践

1. 分析标题，察其特点，写其出处。

请分析以下针对"直播和短视频流行的娱乐化现象"所拟的作文标题，看看它们化用了哪些名句，潜藏了什么典故。

阅读下面材料，根据要求作文。

短视频分享平台"抖音""快手"火得一塌糊涂，甚至有人总结道："南抖音，北快手，王者农药遍地走。"面对这种情况，有人认为这些视频、直播能够克服无聊，让人们在碎片化的时间里得到消遣，也有人认为这些视频营养不高，沉迷于此容易导致年轻一代陷入"浅文化""浅思考"。

你对直播和短视频流行的现象有什么看法？

《娱乐喧哗，文化沉默》→＿＿＿（1）＿＿＿

《娱兮娱兮奈若何》→＿＿＿（2）＿＿＿

《娱乐"致"死》→＿＿＿（3）＿＿＿

读写提示：

（1）雪莱："浅水喧哗，深水沉默。"（化用名句）

（2）《史记·项羽本纪》："虞兮虞兮奈若何。"（化用名句）

（3）尼尔·波兹曼《娱乐至死》（1985年出版的关于电视声像逐渐取代书写语言过程的著作。此题妙藏著作名，改动一字，将娱乐化带来的负面影响，用"娱乐'致'死"揭示了出来。)

2. 运用本节课掌握的取题技巧,选择下面一道作文题来确定立意,试拟三个标题并说明自己所拟标题的出处。

题1 阅读下面的材料,根据要求作文。

每年高考前后,各地高三学生的撕书照片、视频等频现各大媒体。学生在教学楼前将废旧试卷和书页撒下,随着一声狂欢,瞬间碎纸如雪,飞了教室走廊一地。"撕书"仿佛演变成为一场肆无忌惮的毕业礼。

请结合材料,联系实际,自选角度写一篇文章。

题2 阅读下面的材料,根据要求作文。

有人说:一味地怀疑,你的世界将变成灰色。

有人说:一味地相信,你的人生就只能匍匐。

对以上两种说法,你有什么看法?

☀ 读写提示:

题1:

(1)《愿你忠于学习,不舍昼夜》(化用莎士比亚名言"愿你忠于你自己,不舍昼夜")

(2)《"撕书"莫"坑儒"》(妙藏典故"焚书坑儒")

(3)《书必存在,知识才有所附丽》(化用鲁迅名言"人必生活着,爱才有所附丽")

题2:

(1)《人是一根会判断的芦苇》(化用帕斯卡名言"人是一根会思考的芦苇")

(2)《兼听则明,偏信则暗》(直接引用《资治通鉴》名言"兼听则明,偏信则暗")

(3)《信任还是怀疑?这是个问题》(化用莎士比亚名言"生存还是死亡,这是个问题")

(4)《尽信人,不如无信》(化用《孟子·尽心下》名言"尽信书,不如无书")

3. 试分析为以下作文题拟的六个高分标题的特点。

阅读下面的材料,根据要求作文。

1950年,新中国刚刚成立,百废待兴。朝鲜战争的战火烧到鸭绿江边,国家安全面临严重威胁。危急关头,在实力极不对等、条件极为艰难的情况下,中国人民奋起抗美援朝,保家卫国。先后有290余万志愿军将士赴朝参战,19万7千多名英雄儿女献出宝贵生命,涌现出杨根思、黄继光、邱少云等30多万名英雄功臣。中华大地,万众一心，支援前线。历时一年的捐献武器运动，募得的捐款可购买 3700 多架战斗机。两年零九个月艰苦卓绝的浴血奋战，拼了山河无恙、家国安宁，稳定了朝鲜半岛局势，维护了亚洲与世界和平。伟大的抗美援朝精神一直激励着中国人民。

校团委举行"铭记历史，迎接挑战"的主题征文活动。请结合上述材料写一篇文章，说说你的感受与思考。

（1）《精神永赓续，吾辈当自强》

（2）《记住历史，不只因为恨》

（3）《回首来时路，风雨踏征途》

（4）《血沃中华肥劲草》

（5）《以家为家，以国为国》

（6）《家国不减来时路》

☀ 读写提示：

（1）《精神永赓续，吾辈当自强》（扣题，"赓续"一词用得好）

（2）《记住历史，不只因为恨》（标题可见立意之高）

（3）《回首来时路，风雨踏征途》（切合材料，朗朗上口）

（4）《血沃中华肥劲草》（化用鲁迅名句"血沃中原肥劲草"）

（5）《以家为家，以国为国》（化用管子名言"以家为家，以乡为乡，以国为国"）

（6）《家国不减来时路》（化用经典诗句"绿阴不减来时路"）

4. 下面是为 2025 年全国一卷作文题所拟的标题，请仔细辨析，概括取标题时的注意点。

阅读下面的材料，根据要求写作。

他想要给孩子们唱上一段，可是心里直翻腾，开不了口。

（老舍《鼓书艺人》，见全国一卷阅读Ⅱ）

假如我是一只鸟，我也应该用嘶哑的喉咙歌唱

（艾青《我爱这土地》）

我要以带血的手和你们一一拥抱，因为一个民族已经起来

（穆旦《赞美》）

以上材料引发了你怎样的联想和思考？请写一篇文章。

（1）《扬民族意识之帆，探民族崛起之洋》

（2）《民族复兴踏浪前行》

（3）《盛世中华，当奋舟楫以振兴》

（4）《扬热血之帆，助泱泱华夏》

（5）《以我为桨，驱国之帆》

☼ 读写提示：

取标题时，你有写到"桨""帆"吗？没有"航行"之类的文题的承托，以"桨""帆"为题，一眼便知是套用"万能模板"的取标题方式。所以，当"划桨""扬帆"类标题到处横行的时候，我们尤其要警惕陷入程式化的窠臼，而当以呈明自己的观点为要。

第 14 课 开头 "吸晴" 大法

一篇议论文的开头，其至高追求当如清人李渔在《闲情偶寄》中所言"开卷之初，当以奇句夺目，使之一见而惊，不敢弃去"。在议论文写作中，议论文怎样开头才是"奇句"，才能让人有"惊艳"之感呢？

本节课开讲之前，我们一起先来看看就 2021 年浙江卷（围绕"有人把得与失看成终点，有人把得与失看成起点，有人把得与失看成过程"谈体验与思考)写就的四种开头，请大家思考以下四种开头各有什么特点，并用简略的话语加以评议（请结合画线文字）。

序号	开头文段	特点	评议
开头 1	同于得者，得亦乐得之，同于失者，失亦乐失之。——题记		
开头 2	我认为，人生是一个不断拼搏奋斗的过程，有"得"总有"失"，有"失"才有"得"；"失"是某种意义上的"得"，而"得"可看作某些方面的"失"。		
开头 3	在这世间，有人把得与失看成终点，有人把得与失看成起点，有人把得与失看成过程。		
开头 4	从古至今，得与失，舍与得，都是人们的心灵羁绊。每个人的一生，都好像困在了得与失的方寸之地，难以自拔。得到时的欣喜，失去时的悲伤，得到时的鼓励，失去时的打击，也成为每一个人的人生常态。大多数人都在得与失的循环中徘徊，始终无法走出得与失的现实困境。被"得与失"玩弄的人，会把"得与失"看成终点，也会把"得与失"看成起点，甚至会被"得与失"捧得飘飘然而忘记本心，或者打击得一蹶不振，丧失希望。这样的人，过于看重和放大"得与失"，自然而然就很容易被"得与失"捆绑起来。如此，本质上看，相关个体的人生，不是被自己主导，而是在被"得与失"主导，被推着走，成为所谓的"工具人"。（近 300 字）		

一、开头四大忌

不知道大家发现没有，上述四种开头写法是典型的"掉坑式"写法，恰是犯了议论文开头的四大禁忌，我们来逐一分析。

1. 写题记："油腻式"开头

许多同学喜欢如"开头1"一样在正标题下方加"题记"来开头。一篇800字左右的文章，要不要加题记？题记在《现代汉语词典》（第7版）中的释义为："写在书的正文前或文章题目下面的文字，多为扼要地说明著作的内容或主旨，有的只引用名人名言。"根据这个释义，题记显然是用以扼要说明"著作"的内容或主旨的。我们在前文已然提到，一部80万字的著作或许需要题记，而一篇800字的作文，夸张点说一眼就可以扫到底，就大可不必写扼要说明内容或主旨的题记了。

有的同学甚至把原题材料中"××曾说……"，直接抄在开头变成"…… ——××"的题记格式，这又是题记中最下乘的写法，我们称之为"秒死文"，即阅卷老师看一秒就给低分的文章。

2. "我认为"："裸奔式"开头

议论文强调开宗明义，在文章开头要亮出中心论点。但不能像"开头2"中直接用"我认为"开写。这样突兀、不讲文法的开头，我们戏称其为"裸奔式"开头。正确的写法是需要先有个"由头"，再亮出观点、直奔主题。

或许有同学会疑惑，为什么名家直接以"我认为"开头却没有违和感呢？譬如：

吴晗《谈骨气》："我们中国人是有骨气的。战国时代的孟子，有几句很好的话……"

蒙田《我谴责教育上的一切体罚》："在培育娇嫩心灵方面，我谴责一切体罚。塑造心灵为的是荣誉与自由。"

名家旗帜鲜明地提出观点，表明自己的立场，追求"大道至简"式质朴而明确的论述风格。但是考场写作是一种特殊写作，需要展示每个写作者的文采、见识、思维，以吸引阅卷者。所以，在这一点上我们不必以名家的此种写法为范本。

3. 抄作文材料："憨憨式"开头

"开头3"中"有人把得与失看成终点，有人把得与失看成起点，有人把得与失看成过程"是原作文题的引导材料，切忌直接将原材料生搬硬套地抄在开头。不仅如此，整合、概括地"抄"，也是开头写法的大忌。其根本原因在于，所有考生同写一题，在熟谙作文材料的阅卷老师眼里，高度雷同会带来极度审美疲劳。何况，一个"会写"作文的同学是决然不会这样直接"抄"的。所以，这种憨憨傻傻的开头是行文的大忌。

4.首段冗长:"啰唆式"开头

规范的作文方格纸共三列,每列约350字,"开头4"总字数就近300字,占格近乎一整列。显然,这样的开头段太过冗长。表达观点时兜兜转转、拐弯抹角,有人戏称其为"大头娃娃式"的写法,有违"开宗明义""提出论点"的基本规范。首段字数控制在120字左右为宜,要像明人谢榛所说:"起句当如爆竹,骤响易彻。"

二、开头"由头 + 提出观点"六大招

如何入笔才能吸引读者(阅卷老师)的目光,让对方有阅读期待和阅读兴趣呢?需要在开头的约120字中着力"亮"出观点来。

跟散文、小说之类文体的开头讲求含蓄蕴藉不同的是,议论文要用"演绎法"来构架全文,即"我的观点"+"我持这个观点的理由",因而议论文的开头讲求开门见山、直奔主题,我们提倡"由头 + 提出观点"的写法。

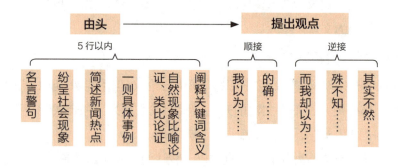

"由头"是指由此说开去的一个"引子",一个"话头",是引发议论的一个"起头",字数控制在5行以内,即120字左右,"顺接"以"我以为""的确"等衔接词、提示词,"逆接"以"而我却以为""殊不知"等转折词,明晰地"亮"出个人的观点。这样的写法,既明确地提出观点,又辅以名言、排比、事例等形式,让开头更加吸引读者。

下面我们以2021年上海卷作文为例来说说如何写一个"骤响易彻"的开头。

> 阅读下面的材料,根据要求作文。
>
> 有人说,经过时间的沉淀,事物的价值才能被人们认识;也有人认为不尽如此。
>
> 你怎么看?请写一篇文章,谈谈你的思考。

上海卷历来重视思辨,这个考题重在讨论时间和事物的价值之间的关系,切中"时间""事物的价值""认识"等关键词做合乎逻辑的思考皆可。我们来看几种典型的开头方法。

1.名言警句引出观点

"江山代有才人出,各领风骚数百年。"(名言引入)岁月不居,前事已往。当

下的流行元素虽泥沙俱下，但一经历史长河的沉淀，精华便沉入河床，历久弥精，糟粕随着泛起的泡沫化为乌有。可以说，只有经得住历史的考验才能流传下来，被广为传颂，成为经典，往往而是。（以"可以说"明晰自己的观点）

在作文开篇即引用名言警句，显得论据权威、见解深刻，更显出写作者的阅读量，起到开篇不凡的效果。这是最常见的一种开头方法。其表达支架为：

名言＋评述＋关联词（由此可知……）＋中心论点

不过，要用高度契合观点的名言来佐证自己的观点，不能生搬硬套，更不能因为想不到契合的名言而瞎编乱造。

2. 纷呈社会现象引出观点

圣手仁心的白衣天使焚膏继晷、救死扶伤；终日辛劳的清洁员为我们清扫出整洁的街道；三尺讲台上、长方黑板旁，正是教师忙碌的身影；不畏艰险的军人十年如一日地坚守祖国，护卫人民……（用四个排比句引入，纷呈医护人员、清洁员、教师、军人四种职业的平凡付出）价值由何而来？如何定义？我们所能做的是：让时间去证明一切，脚踏实地地探索价值的真谛。（用"我们所能做的是"提出观点）

在开头纷呈社会现象有如下的句式格式：

_____；_____；_____；_____ ……

当 _____取代了_____；当_____取代了_____；当_____取代了_____……

在开头纷呈社会现象能表现写作者的博学多才和见多识广。有些作文题如"行走在消逝中""快与慢""内卷化""浅文化盛行"等，起笔如果能排比罗列出几个典型的社会现象，特别能够吸引读者，显示出写作者有"就题而写"的"硬"功夫，而不是只能背好素材"套"题来用。

3. 简述新闻热点引出观点

2021 年 11 月 7 日，航天员王亚平身着我国新一代"飞天"舱外航天服成功出舱，从农村姑娘到两入太空，王亚平成为中国首位进行出舱活动的女航天员，"梦想就像宇宙中的星辰，看似遥不可及，但在有生之年只要努力，一定能够触摸得到"。（以王亚平出舱这一热点入笔）时间是风、是雨，也是风景。只要能够耐得住寂寞，享受时光洗礼后的厚积薄发，时间往往可以把事物的价值展现得淋漓尽致。（顺势提出观点）

现在的作文命题高扬"关注时代，关注现实"的主旋律，要求我们学会多角度地观察生活，表现丰富的生活经历和情感体验，对自然、社会和人生有自己的感受和思考。在文章开头若能以贴合文题的新闻热点为起笔是很酷炫，也很讨巧的写法。相比只会在故纸堆里用名人事例来论证的写法，这种写法会显得特别鲜活、有生气。

4. 一则具体事例引出观点

1874 年，莫奈拿着《日出·印象》去参加第一届"独立派"画展，不用说，收获的又是学院派的冷嘲热讽。评论家勒鲁瓦甚至出言讥笑："画的啥呀？半成品吗？依我看，不过是画了些潦草的印象嘛！"莫奈以及他的同侪没有生气，反而以"印象派"自居，更加投入地延续自己的风格。如今，印象派早已成了现代美术史上的重要画派。（以印象派参加画展遭冷嘲热讽的一则逸事起笔）<u>可以说，为了让我们达到理想中的理性和清明，我们必须利用"时间"，倾听不同的声音，反思自己的立场，不断地承认并打破自己的局限，才能让时间对我们认识事物起到真正积极的作用。</u>（从"可以说"转出个人观点）

开篇如果引用一则名人逸事、一个简短的哲理小故事，或是一段公案、佳话、寓言等吸引读者，激发阅读兴趣，再通过这个故事引出观点，这是一种很讨巧的开头。这种写法要特别注意以下四点。

第一，要具体、实证。如果换成以下表述，我们比较其论述效果的迥异。

有一年，莫奈拿着自己的画作去参加一个画展，不用说，收获的又是学院派的冷嘲热讽。有个评论家甚至出言讥笑……

原语段中"1874 年""《日出·印象》""第一届'独立派'画展""评论家勒鲁瓦"等实证化的表达，很有说服力。而代之以"有一年""自己的画作"等泛泛而论的文辞时，其论证的力量就大大地削弱了。

第二，要高度概括。叙写事例时不能因为自己熟知其细枝末节而纵笔写开去，须知，其目的是"引"出观点。

第三，与论点密切相关。叙例时有意识地截取与论点密切相关的表述，烦冗庞杂一概剔除，径取与论点密切相关的部分。

第四，尽可能地陌生化。我们看以下就"心灵的选择"而写的一个开头：

在一间昏暗的牢房里，一位老者正在来回踱步，他的脑海里正在思考一个问题：是像一个男人那样选择刚强，英勇地死去；还是选择懦弱，苟活下去。他活下来了，选择完成《史记》，选择对历史负责。

这个开头叙写可谓细腻传神、具体而微，但一则以叙代议，二则司马迁事例在高考写作语境中已经俗滥化了，所以我们应尽量避开每年都上榜的高考作文经典人物之类的素材，审慎选取典型而陌生化的事例。

5. 自然现象比喻论证、类比论证引出观点

蚌，久病成珠；柏，累疖为干；蚕，破茧成蝶；铁，淬炼成钢。（以四个自然现象入笔来譬喻类比）时间给空想者痛苦，给创造者幸福。同样，时间只会给主动探究

者以事物的价值。真正有价值的事物经得起岁月的洗礼、时间的沉淀。（提出观点）

大自然中的山水、草木、花鸟、风雨无不蕴含人文、价值、为人、处世、治学、修身等方方面面生命的启迪和人生的哲理。由自然而及人生，由形象到抽象来提出观点，或以景类人，以物喻事，在比喻论证、类比论证之下避开空洞的说教，使说理更形象。

6.阐释关键词含义引出观点

所谓沉淀，不过是此消彼长的辩证，时间之手，无影无形，万物生长，花开花谢。（用自己的方式给"沉淀"作概念的阐释）在亘古不变的轮回中，时间和历史此消彼长，事物的价值也许会随着时间改变，但是时间永远是事物价值的旁观者，真正的价值在于不变的事物的本质和你我的初心。（提出观点）

议论文写作中强调的"关键词""概念"需要厘清、阐释。因为只需要"言之有理""自圆其说"即可，故而对"阐释"的要求往往不是词典中所诠释的"规范"义，我们可以用自己的话来阐释说明。

大家都知道"文无定法"，好文章应该是形式丰富的。但"行文有法"，尤其是考场作文的阅卷有着明确的评价标准。所以我们在这里提供一些"有规可循"的开头让大家试着"模仿""实践"和"内化"。议论文开头方法多样，某一种开头和某一类话题之间不存在必然联系，在写作训练中不能单一化、格式化，切勿形成开头写法上的"路径依赖"和思维定式。在同学们对议论文开头各种写法驾轻就熟的时候，就可以随自己的思维习惯更加自由地表达了。

📋 **敲黑板：**

（1）用"由头＋提出观点"的写法入题。

（2）开头，内容上，紧扣论题，指向中心观点。

（3）开头，形式上，120字左右。讲求快速有力提出观点。

○ **读写实践** ○

1.请分析以下两个开头的技巧。

`开头1` 四百多年前，经过多个日夜的独立思考，年方25岁的伽利略在比萨城，在众目睽睽之下推翻了亚里士多德的错误论断，证明了自由落体定律的真理性。如果没有伽利略的独立思考，人类估计还要被错误的观念统治上百年。这个独立思考的经典故事，启示新时代的人们，面对纷繁芜杂的信息，要养成、保持独立思考的习惯，才不会让

自己的大脑"成为别人思想的跑马场"。(《新时代需要独立思考》)

开头2《管子》有言:"一农不耕,民有为之饥者;一女不织,民有为之寒者。"百姓不勤,遂有饥寒。管仲又说:"仓廪实,则知礼节;衣食足,则知荣辱。"耕织不仅是衣食之源,也是礼仪文明的基础。由此可知,勤以修身,劳以安邦。[《人生在勤,不索何获》,2019年全国Ⅰ卷优秀作文,原题要求:面向本校(统称"复兴中学")同学写一篇演讲稿,倡议大家"热爱劳动,从我做起"。]

☀ 读写提示:

> 开头1:高度概括的事例 + 提出观点。
>
> 开头2:名言 + 阐释 + 提出观点。

2.阅读下面材料,根据要求写三种不同类型的开头。

吴孟达,香港知名艺人,曾荣获香港电影金像奖最佳男配角奖,他与周星驰组成了喜剧电影的黄金搭档。从《赌圣》到《流浪地球》,吴孟达甘做配角二十余年,凭借出色的表演留下了无数经典的银幕形象,赢得了"金牌绿叶"的美誉。对吴孟达来说,一个演员重要的不是站在哪个位置表演,而是不论站在哪个位置,都能奉献出最好的表演。

学校评论社拟开辟"热点评析"专栏。请结合吴孟达的事迹,围绕"配角的位置与价值"这一主题为"热点评析"栏目撰文投稿,请运用本节课所学的六大招写一写你擅长的三种开头。

☀ 读写提示:

> 开头1(纷呈社会现象):彻夜不眠与时间赛跑的科研工作者,坚守岗位奋斗一线的医护人员、交警、外卖小哥、建筑工人……纵然他们是没有名字的"配角",但他们也活出了属于自己的精彩人生。"凡人比英雄更能代表这时代的总量。"张爱玲寥寥数语言明"配角"之意——正是配角推进了时代,塑造了时代。配角之"配"不为主角,为的是自己与时代。
>
> 开头2(名言警句):鲁藜1942年创作的一首小诗《泥土》这样歌吟:"老是把自己当作珍珠 / 就时时有怕被埋没的痛苦 / 把自己当作泥土吧 / 让众人把你踩成一条道路。"人们被"独木桥式"的思维洪流所裹挟,争先恐后地盼望着做这个社会所关注的"主角",殊不知,"配角"也有着重要价值。
>
> 开头3(阐释关键词含义):配角,似乎只是主角的陪衬,以或愚拙或滑稽的形象反衬主角的神勇。但是缺少配角的戏剧是不完整的,就如蓝天失了白云,落日缺了晚霞。配角不意味着无用,而意味着聚光灯外的精彩,配角的重要性与地位是不可忽视的。

第15课 引导材料 "直捣材料老底"

"引导材料"指命题者为写作者提供一定的材料，并要求写作者按照材料的内涵来立意作文，也就是作文题中"阅读下面的材料，根据要求写作"后面的引文部分，往往用楷体显示。它包括文字或漫画、表格等形式，或事实或话语，或单则或多则，按内容可细分为：

①一句或多句名人名言警句；

②一段史实、一个完整的故事；

③一则新闻热点事件；

④一段主题鲜明、道理深刻的论述；

……

作文命题的引导材料少则十几个字，多则几百字，该如何在自己作文中"引述"或"转述"这些文字呢？一般地，你会怎样对待作文题的引导材料呢？

①照抄

②抄一点／概括地抄

③不理它

④摘关键词

以上种种，哪种才是正确的写法？其原因又是什么？哪种写法决定了文章可能只能拿到中等偏下的分？哪种写法是可以得高分的呢？这节课我们来学习如何在引述引导材料时不"踩雷"、不"掉坑"，Get 到高级写法。

一、"踩雷自毁式"写法

"踩雷"之说，是我们将考场作文的大忌喻为"雷区"，一旦踩上，就会自降档次，拉低分数。在引导材料的引用方面，怎样写是"踩雷自毁式"写法呢？我们以下面"名言＋评述"的材料作文为例。

[原题] 阅读下面文字，根据要求作文。

泰戈尔：鸟儿愿为一朵云，云儿愿为一只鸟。

自身有其美，却总想成为别人。对此，有人反对，有人赞同。

根据上述材料写一篇文章，表达你的所思所感。

1. 直接抄在文章的开头

[文章首段] 泰戈尔曾言："鸟儿愿为一朵云，云儿愿为一只鸟。"当今社会，不乏日日夜夜都哀怨自身而羡慕他人的人，从生到死只留下一句"要是我是他该多好"之类的话。却不知道真正的自我才是最为宝贵，最应坚守的。（《钟爱野草，得人生之精彩》）

直接抄在文章的开头是引述材料的大忌中的大忌，很多同学把要"紧扣材料"理解成在开头抄一次就"稳当"了，这样的想法大错特错，这样的做法实际上是"一招毙命"。只要稍微关注每年各省的高分作文，同学们就可以发现，高手是绝对不会直接将引导材料"抄"在开头的。

2. 直接抄在某个语段的开头

[文中段首句] 泰戈尔曾说："鸟儿愿为一朵云，云儿愿为一只鸟。"有些人也是如此，总想成为别人。

作为考场作文，其特殊性在于阅卷老师只有几十秒左右的时间阅读、评判一篇文章，因而，每段首句的重要性和文章的首句一样，若是直接"抄"，同样刺目，同样容易拉低分数。因而，切忌把原句"完整地抄"在自己行文的任何地方。

重要的事情说三遍：不要"抄"材料，尤其不能抄在文章开头和文中段首！

3. 只字不提原材料

[全文各段]（都未提及原材料的核心概念、关键词）

有的同学深谙照搬照抄不行的道理，于是抛开材料另起炉灶，或将引导材料隐藏得很深，甚至连"关键词"都只字不提。这在考场写作中同样容易被判低分，而且可能会有离题套作之嫌。

4. 扩写、窜改材料

[文中段] 白云朵朵在天空飘，显示出朦胧、干净和神秘，像一朵朵洁白的雪莲，从穹顶到天边；鸟儿展翅飞过山岳飞过江河，留下自由快乐的身影，它们都想成为彼此。

为了生动地呈现材料，有的同学会改编原材料，加以自己的创作，甚至深情款款地以叙代议引述材料。这种写法，使引述材料过于烦冗，在文中占过大的比例，可谓多此一举，白费力气。上述语段对引导材料进行了文学化的扩写，显然是与议论文的文体特点相悖的。

5. 等同试题作答

[文首或文中段] 读了这则材料，我觉得总想成为别人在现实生活中是一种很普遍的现象。

在文章一开始即用"读了这则材料""正如故事里所述""看完这则小故事……"等话语替代对材料的引述，把材料作文等同于读后感，等于简答题。这与材料作文的基本要求也大相径庭。

二、正确打开方式："直捣材料老底"

我们会发现，那些能写满分、高分作文的写作高手决然不会写出如上文所列的语段。那什么是高级的写法呢？我们分两大类来探究。

1. 事实类——"融"与"摭"

我们都知道，"因事析理"事实类作文，要求就所提供之事来阐发事理，虽有"就事论事"的写作内容，但为了避免高度雷同，要"摭""撮"关键词，对其他材料信息则一笔带过，做到要言不烦，使自己的表达有"文字的向心力"。我们以下面作文题为例来说说事实类的作文引导材料应该怎么写。

> ［原题］阅读下面材料，按要求作文。
>
> 2016 年六一节前夕，南京一位刘姓母亲涉嫌在超市偷盗一个鸡腿、几本书被抓，警察问询后得知，这位母亲想以此作为儿童节礼物送给自己的孩子，一时间，"最心酸的儿童节礼物"感动无数网友。随着刘女士的不幸遭遇被媒体陆续报道，短时间内网友的爱心募捐达到惊人的 30 万元。但与此同时，网友对于该事件表示质疑和批判的评论也超过 10 万条。
>
> 近年来，爱心救助屡屡遭遇尴尬，如果你是其中的一名网友，你是选择献爱心还是提出批评质疑？

（1）引出观点

一般地，我们不赞成用材料引出观点，如果真是不得已必须引用原材料，也要用自己的话语简要"重述"（注意不是"复述"，更不是重复）一次原材料，字数尽可能少些再少些，简要地、有侧重地概述，或者只是引述能揭示主题的关键语句。

南京一女士因偷"最心酸的儿童节礼物"反获"天价捐款"一事让我们感动，但更多的是思考和忧虑：我们害怕因为网络消息的难以证实而让人们的爱心遭受践踏；害怕本有劳动能力的人起了歹心，凭借人们的爱心来满足私欲。

（2）佐证观点

从命题材料所呈现的社会现象、人物事件等事实论据入笔来佐证观点，或在论证中回扣材料。这种写法兼顾材料的运用和论据的多样，可以用"'正如'＋概括原材料"的模式来构建例证段。

"法理与爱心""道德与法律"一再成为两难。正如南京偷盗鸡腿而获募捐的刘女士，从道德上来说，这位母亲的行为存在令人同情的理由；但是从法律的角度来说，这位母亲的行为却踩到了底线。

（3）融合分析

融合分析材料就是表面上不直接搬用材料，实际上却把材料的引述融化在分析说理之中。这是高阶引述材料之法，能体现较高的写作水平，是一种高层次的紧扣"材料"。

语段1 爱心救助屡见不鲜，却屡陷尴尬之境。花季少女跪地为乞讨老人喂饭，白血病捐款却曝出诈捐……一件件爱心事，以疯狂刷屏的方式登上各论坛头条。偷一个鸡腿、几本书虽微不足道但到底是偷，毕竟触犯了法律。

语段2 郭美美事件给了中国红十字会的信用致命一击；李连杰的"壹基金"被曝贪污巨额善款；"嫣然基金"也传出相似的问题。这时人们才恍然大悟："爱心救助"没有显示出"爱"。

语段3 30万不是个小数目，网友汹涌而来的爱心募捐让人倍感世界的温暖。但，有"爱"固然可喜，没有"心"却令人担忧，每一次奉献爱心的时候，在感动的"情"之外，我们更要明辨"法"。

仔细阅读、分析上述几段引述原材料的文字，大家有什么发现吗？能够概括出其写法上的精妙要义吗？

它们的共同特点是随处"撷"——撷摘关键词，对材料的内容无任何赘言，却能直切材料的核心，将材料中与自己确定的立意无关或关系不大的内容一一剔除。

2.名言类——"换"与"嵌"

（1）"换"

名言类引导材料的原句虽然不能直接引用，但可以用"替换法"表达原意，即用其他相类似的名言警句、格言、谚语等来替换。

以上文作文题所提到的泰戈尔名言"鸟儿愿为一朵云，云儿愿为一只鸟"为例，其内涵是"围城心态"，明确这一点后，我们不妨用类似的语句来替代。

①钱锺书："城外的人想冲进去，城里的人想逃出来。"

②王尔德："人生有两个悲剧，第一是想得到的得不到，第二是想得到的得到了。"

③张爱玲："也许每一个男子全都有过这样的两个女人，至少两个。娶了红玫瑰，久而久之，红的变了墙上的一抹蚊子血，白的还是'床前明月光'；娶了白玫瑰，白的便是衣服上沾的一粒饭黏子，红的却是心口上一颗朱砂痣。"

④谚语："凡所难求皆绝好，及能如愿便平常。"

（2）"嵌"

"嵌"是将原话语中的关键词、重要意象简洁明晰地、天衣无缝地"化"进自己的语言表达中。

[开头]世事的嘈杂与物欲的横流中，许多人迷失了自我，转而艳羡他人，恰似鸟儿总想成为云，忘却了自己羽翅的斑斓而追寻白云的梦。

[中间段]泰戈尔一语未道破的是，"各美其美"方是人生真义。殊不知，"云儿"一心想成为的"鸟儿"的束缚在于……

[中间段]芸芸众生莫不是这样欲成"鸟儿"而不得的"云儿"……

[中间段]殊不知，"鸟儿"也有觅食的苦楚，"云儿"也有漂泊的苦痛。

[结尾]让"云儿"成为"云儿"，让"鸟儿"成为"鸟儿"，方是罗素所提倡的"参差百态"的幸福生活。

上述几个片段给我们树立了名言类的引导材料应该如何"嵌"入语句的典范，这样语言表达精粹，又能直抵引导材料表达的重心。

三、"直捣材料老底"的原因

1.考场作文阅卷的特殊性

若是写登载在报刊上或网络上面向公众的"一文N人阅"的时评文，一般在开头要概述事件的来龙去脉，让每一个读者明晓自己所评之时事，这是时评规范通行的写法。而考场作文必须"裸奔"向主题，因为考场作文是"一人阅N文"，读者对象往往只有两位阅卷老师，而且每一位参与阅卷的老师，已经在阅卷前一再地评析、判别了作文题的各种关键信息，像高考这样大型的选拔性考试，在评卷前还会印发各类典型的样卷让老师试评分。可以浅俗地说，"作文题的引导材料，就是化成灰，阅卷老师都认得了"！如果考生还要再"抄"一遍给老师看，岂不是告知老师"且听我娓娓道来，我写的是这个题目"吗？

2.议论文的文体特点

议论文的文体特点决定了引导材料的"引"的性质，它是用来触发、引导写作的"点"。其本身表达不重要，重要的是综合理解材料、提炼关键词并确立立意来开展写作。

3.阅卷者的审美倾向

从高度审美疲劳的阅卷者的角度来看，在"万人同题"写考场作文的背景下，阅卷老师需要持续十来天时间每天评判上千份作文答卷，所以高度雷同化是作文的大忌，尤其是在开头直接照搬作文材料的作文，给阅卷老师的直觉印象极差，我们甚至可以说，"抄材料"就是"作文水平差"的代名词，这样的作文自然是低分作文。

4. 模式化、套路化写作

许多同学无论写什么样的作文，都按照"引—析—联—结"的行文思路来写。这样的文章套路化，难以出彩，因而要尽可能地避免开篇就"由材料引出观点"的模式化刻板写法。

敲黑板：

（1）现象类作文的引导材料的"引"不要超过 30 字。

（2）切忌"抄"，也忌赘言重复。

（3）始终谨记引导材料是"尽人皆知、尽人皆用"的前提。

（4）不能出现"材料""故事"等词语。

○ 读写实践 ○

1. 用"嵌"的方法为下面作文题写三句引原材料的语句。

[原题] 根据以下材料，自选角度，自拟题目，写一篇不少于 800 字的文章（不要写成诗歌）。

你可以选择穿越沙漠的道路和方式，所以你是自由的；你必须穿越这片沙漠，所以你又是不自由的。

☼ **读写提示：**

（1）这儿的"自由"，便决定了当你穿过沙漠时看到的是一片可爱的绿洲，还是因怕吃苦走捷径而看到另一片更广更干的沙漠。

（2）即使有无限的沙漠必须穿越，但人在其中做出过不小的努力，并获得了不小的成就。

（3）沙漠即在眼前，非自由之身的人们，抓紧手中的自由的权利，向前穿过沙漠吧！

2. 请分析下面三个语段在引述引导材料时的弊病，并用这节课所学的方法写一个语段。

阅读下面一段材料，根据要求写一篇不少于 800 字的文章。

[原题] 苏格拉底举着一个苹果对他的学生说："这个苹果是我刚从果园摘来的，你们闻到它的香味了吗？"有一个学生看到苹果红红的就抢着说："闻到了。"

苏格拉底又走到学生面前让他们闻，有的说闻到了，有的闻也不闻就说闻到了，只有三个学生默不作声。苏格拉底说："你们怎么了？"其中一个学生又闻了闻，说：

"什么味也没闻到。"还有一个学生上来摸了摸说："这是什么苹果？"第三个学生
讷讷地说："老师，我今天感冒了。"

苏格拉底把这个苹果拿给学生们传看，竟然是蜡做的假苹果。

语段1 我听过一个哲理故事，讲的是一个哲学家手拿一个"蜡苹果"，问他的学生们：
"苹果的香味，你们闻到了吗？"

语段2 现实生活中有太多这样的事例，所以我们应该去亲身体验、观察，而不单只是
以外表来断章取义。就如材料中的学生，有些人一听是老师刚采摘的苹果，一看到红
得发亮的色泽，就不加思索地说闻到香味了。

语段3 学生被蜡苹果的外表迷惑了，却不利用自己的嗅觉去亲身体验，其中有冲动者，
一些意志不坚定者，一个狡猾的人和一个天才。哦，还有一个深不可测的老师。

☀ 读写提示：

> 三个语段的弊端：
>
> 语段1：窜改来源。对材料作文提供的引导材料，有的同学为了显示自己的阅
> 读量，有意写成在某某杂志上看到或在某某课堂上听到，这种写法徒劳无益，反
> 倒给人不切实的"做作"感。
>
> 语段2：把材料作文等同于读后感，等同于简答题。
>
> 语段3：面面俱到。语段对材料中的老师和学生一一作了评述，这种写法既烦
> 冗又无效，致使引述材料的文字缺乏向心力，没有聚焦到一个核心的观点上。
>
> 另写语段示例：
>
> [佐证观点] 当今时代，某某专家说绿豆好，包治百病，人们便纷纷大量采购
> 绿豆，结果导致绿豆脱销；当这个专家被确认造假，绿豆并无如此功效时，人们
> 又纷纷谴责专家，绿豆价格跌至平价。当核泄漏时传出碘能抗核辐射的消息时，
> 人们便不要命似的购买食盐，结果盐的价格甚至炒到 50 元一包；最终经鉴定碘并
> 无明显作用，人们又改变态度……正如一个蜡制苹果，从苏格拉底口中说出，它
> 就有了香味。
>
> [融合分析] 盲目听信所谓的权威已逐渐成为多数人的问题。在他们眼里，专
> 家等于正确，只要是专家说的一定是对的，蜡制的苹果成了有诱人香气的苹果，
> 殊不知专家中也有"砖家"。或许我们还做不到去推翻那些"砖家"的言论，但
> 我们可以坚持自己，面对真假难辨的信息时，以自己的能力去筛选信息，坚定自
> 己的观点。

第16课 因果分析 "一果"溯"多因"

议论文写作中，我们常常要"透过现象看本质"来揭示事物内在的因果关系，使文章立论更加"深刻"，使分析更加全面、细致、深入。这就需要因果分析法，即对论题中有关因素的因果关系作深入细致的分析，由因求果或由果溯因，对各类事件做出自己的评判，形成"人无我有，人有我新"的层层剖析。

你会用"因果分析"吗？试探明以下现象的原因：

为什么会有"中国式过马路"现象？

为什么中国人在自助餐厅用盘子铲虾？

为什么会有"霸座"现象？

为什么去博物馆只想"打卡"镇馆之宝？

……

对于类似的"为什么"，很多同学会不由分说地想到一个"贴标签式"的、泛泛而论的原因——"国人素质差"，这样的原因分析单一化、片面化，思考只停留在表层，认知狭隘。这种似是而非的分析，无法触及现象或事物的本质，无法就具体问题进行具体分析。当然，更直接的可怕结果是"凑"不满 800 字。

因果关系是复杂多样的，有一因一果、一因多果、同因异果、多因一果、异因同果、多因多果、互为因果等。议论文写作偏向多角度多层面探寻其原因以考查同学们的思维品质和思考深度。一般来说，列入作文命题的现象、事件背后的原因都不止一个，在议论文写作中要学会深入思考复杂的多种原因，也就是"多因一果"，要求同学们"一果"溯"多因"，展开具体分析。

一、借句式支架分析原因

对因果关系的阐释和表述，同学们多用"（正是）因为……所以……"（由因导果法），"之所以……是因为……"（以果溯因法）等句式。这种句式多为"一因"寻"一果"或"一果"溯"一因"，未能揭示事件发生或现象原因的复杂性，如果要由"一果"溯"多因"，重在使"多因"一一呈现出来，则可借助以下句式支架来表达：

①是因为 _____ ，还因为 _____ ，更因为 _____ 。

②表面上看是 _____ ，而实际上是 _____ ，更是/也是 _____ 在作祟。

③其原因首先是 _____ ，当然 _____ 也有不可推卸的责任，更根本的原因是 _____ 。

我们借此来分析"中国式过马路"这一现象背后的原因。

语段 1 "凑够一撮人就能走"现象频发的原因，除了跟车速高低、道路宽窄、行人数量和部分行人的素质有关外，还因为在交通信号灯的设置上更加偏向机动车而导致行人被动违规；也因为在中国城市化的发展过程中管理设计水平和交通配置之间的不协调；更因为一个人过马路时，往往心理上不占安全优势，而当一群人时，心理上就占了优势……

语段 2 "中国式过马路"，表面上看是行人素质低下，而实际上是人们的交通规则意识淡薄，也因为快节奏生活让大多数人行色匆匆，更是国人"大家都闯了，我就跟着走"的"从众心理"在作祟。

语段 3 到底是什么让中国民众形成了独有的"中国式过马路"现象呢？首先是民众的安全意识淡薄，更多的是一种侥幸心理在作祟。人们往往寄希望于"运气"二字，总是认为自己不会成为那几万分之一的"倒霉蛋"。当然疏于管理的交通部门也有不可推卸的责任，安全教育也存在着巨大的缺失，缺乏礼让文明的动力。还有另一个容易被忽视却极其重要的原因是有关部门缺乏以人为本的设计意识，未曾研究人的交通行为和心理，造成管理设计和交通配置之间的不协调。

借这样的思维路径，使自己思考由浅入深，由表及里，再借句式表达来使语段整饬。

二、借分类分析原因

在多种原因中，要进一步分析梳理出各种原因之间的关系和性质，我们可以将各种原因大致分为：

主要原因和次要原因

主观原因和客观原因（内因和外因）

直接原因和间接原因（原因的原因）

必然原因和偶然原因

历史原因和现实原因

如何借这种分类来深化自己对某一问题、现象的思考呢？我们以下题为例来分析。

> 阅读下面文字，根据要求作文。
>
> 宋代邵博在《邵氏闻见后录》中说："书生之见，可言而不可用者哉。"后多借书生之见来指读书人不切实际或不合时宜的见解。然而若书生不见，或书生无见，也未必是时代之福。
>
> 对此，你有怎样的思考和见解，写一篇文章，谈谈自己的看法。

此题旨在引导学生思考书生的责任与使命，思考"书生之见"的意义与价值，分析

"书生之见"不切实际或不合时宜的原因。在此基础上再思考当下如何对待"书生之见"，倡导当代的"书生们"在上下求索中当仁不让地抒发己"见"，铁肩荷道。

书生何以"不见"？书生何以"无见"？何以有"书生之见"？"见"何以"可言而不可用"？这几个问题我们在落笔之前都要深入思考。许多同学容易将其直接归结为"书生"拘泥于书本，其"见"多不切实际。殊不知，其背后有各种各样的原因。

[主观原因和客观原因]

主观原因：书生不愿思考、不敢思考，不能"见"，也不敢"见"。

客观原因："书生之见"确有其自身之弊，书生多执着于自己的认知和理解，多囿于书，书与现实的确常常脱节。

[直接原因和间接原因]

直接原因：书生缺乏思考精神和批判意识。

间接原因：书生不思时代之疾，不急时代之急，避开使命，罔顾书生本该有的责任担当。

其他原因也可再作深入探求（如社会层面、制度层面、文化层面、科技发展层面、群体特征层面等）。

[主要原因和次要原因]

主要原因："书生之见"不合"时"宜。

次要原因：书生不迁就其所谓的"恶俗"，只求闲适，自命清高。

[历史原因和现实原因]

历史原因："时代"对"书生之见"缺乏一分眼光和包容。民众的庸常之智无法认知、无法辨析超越了时代、专为未来而生的"不合时宜"的"见"。任何"见"都不应当被时代本身所限制，"书生之见"也许跟未来有关，可能终有一天不再被认定为"书生之见"，"书生之见"对文化传承、民族精神确立起着不可替代的作用。

现实原因："书生之见"可能会太理想化，或太前瞻性和远大化。

借助分类思维的方式，我们将单向思考转变为多元思考，由线性思维转变为发散思维。在具体的行文中，还要用"分述"来条分缕析。

××主观上的原因是 ＿＿＿＿＿＿＿＿ ，其客观原因是 ＿＿＿＿＿＿＿＿ 。

××现实原因是 ＿＿＿＿＿＿＿＿ ，而追溯历史，其原因更是 ＿＿＿＿＿＿＿＿ 。

这样的表达呈现让行文具备了逻辑化、结构化的功能，使读者一目了然。

三、借"鱼骨图"分析原因

鱼骨图是一种发现问题"根本原因"的方法，因而也被称为"因果图"。它由日本管理大师石川馨发明,故也名石川图。因其形状如鱼骨,所以又叫鱼骨图。因其简捷实用,深入直观,被广泛地应用到生产经营、企业管理、市场营销中。

一般地,我们将结果(问题 / 现象 / 后果)标在"鱼头"处。在鱼骨上长出大鱼刺,按照问题产生的原因,选择层别方法(如:人、机、料、法、环,或人、事、时、地、物等),在上面按顺序列出产生问题的可能原因。

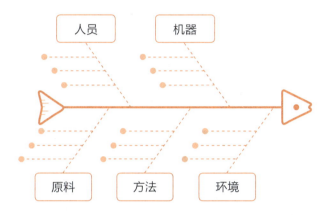

鱼骨图体现了人的大脑对复杂问题的分解过程,我们通过头脑风暴找出各种原因,按相互关联性整理、排序成层次分明、条理清楚的特性要因。

根据其应用可以分为三类:

①整理问题型鱼骨图

②原因型鱼骨图("为什么……")

③对策型鱼骨图("如何提高 / 改善……")

一般地,在议论文写作中,命题者往往会将现成的、待解决的问题抛给我们,诸如"何以说这是一个'有为'的时代"(2021 年全国甲卷),"弱者何以能变强者"(2021 年新高考 I 卷),"为什么纪念日值得'纪念'"(2021 年天津卷),因而我们主要学习的是原因型鱼骨图和对策型鱼骨图的应用,借助这一有效的、启发思维的工具,而深入地条分缕析,唯其如此,才能抵达议论文"具体问题具体分析"的要义。

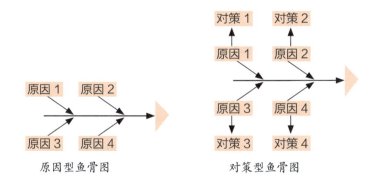

原因型鱼骨图　　　　　　　对策型鱼骨图

我们再来分析上文所述"中国式过马路"现象的原因，我们借用鱼骨图来分析具体路径，将过马路闯红灯的诸多原因——列出：

①行人的原因（赶时间、从众心理、缺乏规则意识）

②红绿灯的时间设置问题

③法律监管不到位／法不责众

④快节奏的社会生活

……

我们再将诸多列项进行分类，可以列出主因和次因，使之条理化：

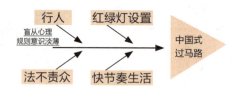

在这样条分缕析的基础上，再运用对策型鱼骨图在行文末尾提出"怎么办"，即提出对策和措施，这样便"有章可循"，能从多个方面提出切实有效的建设性意见，接续行文提出相应的对策也就有据可依。

敲黑板：

（1）因果分析是论述文写作最常见的方式，要尽可能多层面多角度分析原因。

（2）因果分析的三种方法并非"非此即彼"，可以交叉使用、相互融合运用。

（3）用明晰的结构化语言或句式使之整饬化，形成环环相扣的有因果链条的语段。

（4）在无限制、自由联想"头脑风暴"的基础上，借用这节课的三个支架深入再深入。

（5）写"多因"的语段可以独立成段，用"究其本质""追根溯源""××的原因无非是""××根由所在是"等段首提示词将自己的行文思路明晰化。

◆ 读写实践 ◆

1. 请给下面作文题所呈现的现象写一段200字左右的原因分析。

阅读下面材料，按要求作文。

《新华每日电讯》灵魂发问：不用"YYDS""绝绝子"就不会说话了？心中所想难以付诸文字，离开梗就不会说话，除了"YYDS"找不到其他赞美的词，万物皆可"绝绝子"，"文字失语"成为一个越来越需要重视的社会问题。

对此，你有怎样的思考和见解，写一篇文章，谈谈自己的看法。

☀ 读写提示：

> "YYDS""emo""绝绝子""爱豆"等个性化语言的大量使用，究其原因无非是青少年群体追求语言的个性化表达。年轻人追求个性化的表达方式无可厚非，文化尤须推陈出新。但是，"语言作为文化传承的纽带"的原因却容易被忽略：语言是交流的工具，也是文化传承的纽带，大量使用这类网络流行语，不仅可能造成语言交流的障碍，更重要的是会伤害母语的纯洁性。而将原本优美的语言文字改造得"面目全非"，很多青年人都以此来标榜自我的个性，实在令人担忧。

2.阅读下面两则短评，选择一则对短评的原因分析作梳理。

语段1 网络用语之所以层出不穷，不仅是因为技术建构的无远弗届，更主要的原因是文化创造的路径改变了。语言之变，过去主要来自知识阶层有意识的书写与提炼，当然这些在现在的网络语言中也有体现，不过更多则是自下而上的无意识创作。成语可以找到明确的出处，网络用语很多却不知作者，广泛分布的网民、灵机一动的创意，就如风行草上一般，一下便刷新了文化景观。（王子墨《十大网络用语公布，记录时代的横切面》，《光明日报》2021年12月9日）

语段2 不同的时代有不同的流行语，流行语在某种意义上就是社会心态的一面镜子。依托于互联网，当下的流行语得到了快速传播，其符号互动的深度和广度大大提升。网络流行语一方面丰富了社会语言的表达形式，另一方面也为我们提供了打捞"沉没的声音"的渠道。

伴随着社会变迁，流行语逐渐从最初的单一式、标准化、口号式发展到今天的多样化、个性化、娱乐化。"你们城里人真会玩"并非乡下人特有的词汇，许多在城市里出生长大的人们也会这样说。自嘲也好，自矜也罢，自我矮化与炫耀、真话与玩笑往往互相混杂，使用网络流行语不仅是为了刷存在感，也是为了寻找归属感和社会认同。（杨朝清《读懂网络流行语背后的现实心态》，《北京青年报》2016年6月2日）

☀ 读写提示：

> 语段1：这个语段用"之所以……不仅是因为……更主要的原因是……"的句式清晰地呈现了自己的分析思路，将网络语言的盛行归结为"文化创造的路径改变了"，即"自下而上的无意识创作"形成的新的文化景观。这样的原因分析，不仅另辟蹊径，而且透过现象见本质，独到又深刻。
>
> 语段2：首句明确亮出"原因"——流行语是一种社会心态，且巧妙地加上了"在某种意义上"，使语言表达周全，不至武断绝对化。第二段，对"社会心态"进行具体阐释，归结为"不仅是为了刷存在感，也是为了寻找归属感和社会认同"，分析得鞭辟入里。

第17课 核心概念 从"下定义"到"下定意"

在审题立意时，我们要"细读"作文题，理解材料，筛选"关键词"来审清题意，准确把握概念，再构思行文。这里的"关键词"，就是议论文所涉及的重要概念，写作中要对它们进行界定、辨析与阐释。

在开讲之前，我们先看一个争论，大家可以试着写一写他们各自所言的对象是什么。

第一个人："我见过一匹10000斤重的马。"

第二个人："我见过一匹10厘米长的马。"

第三个人："你们是在开玩笑吧，哪里有重达10000斤的马？更不会有10厘米长的马！"

第一个人答："_____。"

第二个人答："_____。"

显然，第一个人讲的是"河马"，第二个人讲的是"海马"。对"马"的概念的理解不同，自然驴唇不对马嘴，答非所问，讨论也就失去了意义。在议论文写作中，如果对核心概念不加辨析，笼统而论，也会导致观点不明确，表意模糊。

议论文写作要由浅入深合乎逻辑地展开说理，其前提是对作文论题、话题、主题的精准把握，并界定、辨析核心概念，解决"是什么"的问题，这是议论文写作的起点。只有解决了"是什么"，才能进一步思考"为什么"和"怎么办"。无论是在作文审题立意时，还是在具体行文过程中，我们都要树立自觉辨析、界定核心概念的意识。

这节课我们以下面的作文题为例来学习如何明确地阐释概念。

> 阅读下面的文字，根据要求作文。
>
> 关于"初心"，《三字经》解释为"性本善"，《华严经》秉持着"不忘初心、方得始终"，《孟子》则认为是恻隐之心、羞恶之心、辞让之心、是非之心……
>
> 对此你有什么思考？请写一篇文章加以评说。

这则命题材料给出了"初心"的三种解释，细加分析可以看出，第一种是指人生最初的美好的善心；第二种是指人的纯洁纯真的心，第三种是孟子的"四端说"。确定立意可以选择其中的一种，但要获得高分还要从作文题中的"……"中着力，即由自己来界定"初心"的具体内涵是什么，以避免出现考场作文中"千人一面"的高度雷同。比如，初心是抱朴守真的赤子之心，是为人立身的根本——良善之心，是抛却名利实现人生价值最大化的最初的心志……只有将"初心"的内涵具体化，才能使文章立意更明晰，写作内容既具体而新颖，又有可挖掘的深度。

一、概念界定不明的典型

我们先来看一看在概念界定中同学们容易犯的典型错误。

1.随意论断

俄国诗人巴尔蒙特曾这样说："为了看看阳光，我来到这世上。"简短却又深刻地解释了初心的内涵——一切美好、温暖的事物。社会的高速发展让许多人丢失了初心，变得浮躁又汲汲，如何纯净初心是我们每个人都要回答的问题。

这个语段没有界定核心概念"初心"的内涵，也没有廓清"初心"的外延，只是将其笼统地称为"一切美好、温暖的事物"，这种随意打包式的论断只是在概念的表层滑行，其实质是思维深度不够，切题不准。

2.概念空泛模糊

初心，是一个人最本真的东西，无法代替，更无法改变，也是一个人在经历磨难之时唯一支撑着的信仰，就如天空中的太阳，给予万物希望，给人勇闯困难的勇气。

语段对"初心"的界定模糊、空泛，其所择取的相关事实和道理也就不能契合原题题旨，导致说理浅显虚空，故而容易偏题，遑论写出有思想深度的佳作。

3.偷换概念

"初心"不是一个孤立静止的符号，"初心"的外壳是"人类美好的愿望"，而它的内核却是与时俱进、不断发展的。所以，我们坚守"初心"，其实是强调创新精神，就是要始终与时代合拍，体现着人类最美好的愿景。

我们强调要对概念下定义，但切忌将概念机械化理解，尤其不能拿自己熟悉的、旧有的作文牵强附会地套作。这个习作小片段认为"初心"就是"创新"，其实际上是偷换概念，是拿不相干的概念直接替换原概念，内涵似是而非。若全文都在就此论证自己偷换的概念"创新"，便曲解了命题的本意，后续行文自然也就离题万里了。

以上三种无视概念内涵的典型错误，在同学们的习作中经常出现，对此，我们要引起高度重视。

二、清晰界定概念的方法

概念是逻辑思维体系中最基本的构筑单位，我们要结合具体命题材料深入思考以把握概念的内涵和外延。可以说界定、辨析概念的过程，其实就是审清题意、明确立意的过程，也是圈定具体写作范围，化大为小、化虚为实的过程。界定概念不但能紧扣作文主题，做到立意不偏颇、不背离，而且能目标明确地聚焦论点，进行集中论证。

1.从下定义到"下定意"：我有"我的观点"

"下定义"是指对于一种事物的本质特征或一个概念的内涵和外延所作的简要说明，一般的表述形式是"A是（本质属性或特征）的B（类属）"。比如，

初心，最初的心愿、信念。（《现代汉语词典》第7版）

初心，指自己出发的目的和真我的本心。

下定义的要义是要揭出"本质属性"与"特征"，一般通过字典、词典来说明概念的内涵和外延。但是，我们写作的常态，尤其是考场作文时，不能查阅资料，也就不大能够给重要概念"科学地"下定义，因而我们不妨用"下定意"来界定概念：

每个人都有自己的来路与去处，了解来路，你才能明白自己的去处。因此，我认为，所谓来路，其实便是初心，那是刻在你骨子里最初的情怀。

"下定意"不同于下定义，从汉字的结构来说，"意"从"心"，即用"我认为""我理解"来明确概念，自己赋予概念新的解释，具体的表达可以有如下句式：

①我认为，A是（本质属性或特征）的B（类属）/A的实质是……

②我认为，A应该具有B特点。

③在我的心目中，A应该是B的样子。

④我理解，A应该具有B等作用。

高考语文作文等级评分标准"发展等级"中第一点为"深刻"，要求写作能够透过现象看本质、揭示事物内在因果关系，提出具有启发意义的观点。"提出具有启发意义的观点"，实际上就是提出对命题材料的看法、态度、主张、意见、判断等，要成一家之言，能自圆其说。命题材料中的核心关键词往往是多义而模糊的，通过"下定意"，选择一个切入点、一种角度来确立核心观点，并且在行文中一以贯之，不及其余，这样才能化大为小，化虚为实，使笔力凝聚，写深写透。

当然，在具体的语句表达中，可以不写出类似"我认为"等语句而直接展开论述。因为隐去"我的理解"，我的观点仍是显性的。如果一定要出现"我认为"，有时候反而会显得狭隘和思考不够全面。

"下定意"，强调"我有我的观点"，有别于"随意论断""妄下结论"，而是强调在概念的引申义、比喻义、象征义、语境义、具体的意义范围内提出合理的、个性化理解。这考量的是同学们的思想水平、思维品质。

2.概念比较辨析：引入相似概念或相对概念

考虑核心概念"是什么"时，我们可以从反向"定意"，界定它"不是什么"，通过相反词语的辨析，深化对核心概念的认识。鲁迅在《拿来主义》中先"破"相对概念"闭关主义""送去主义"，再"立""拿来主义"，就是运用此种方法的典范。

围绕核心概念，列出相近或相反的词语，对相似、相近、相反、矛盾的概念进行比较，揭示出概念之间存在的细微差别，厘清易混淆的模糊认识，让自己的观点更鲜明、深刻。

①初心，并非要实现最初的梦想，而是不要忘记那份纯真。走得太远，忘记了为何而出发，便是在行走的过程之中，越来越熟谙世界的规则和诡谲，一再妥协，渐渐迷失了初衷。

②初心有别于"初衷"，它不是处事不适时的借口，而是坚定如一的信念。

③初心，不是言之于口的话语，而是铭刻在内心的崇高信仰，是"赋能"在身躯、激发奋进力量。

这样的辨析，其实是高阶思维的运用，属于辩证的哲学思维。通过剖析相似、相对概念间深层次的差异，防止错解，避免褊狭，使自己的观点更加有说服力。我们借助以下句式支架，让这样思辨理性的思维有具体操作路径：

①A 不是……，而是……

②A 与其说是……，不如说是……

③提起 A，很多人都会联想到 a1，a2，其实，A 更应该是 a。

④有人认为 A 是 a，但 a 与 A 显然有区别。

这些用"是……"的肯定句式对"核心概念"进行准确界定，清晰无误地予以表达，突出对概念的独到理解；用"不是……"的否定句式来批驳反面观点和现象，深掘相似概念间的细微差别，或借助相反的概念来辨析，在多维的比较中使论证说理更具思辨色彩。

如何找到相似或相反的概念呢？我们不妨用"组词法"来试一试，看看哪些是近义词，哪些是反义词：

偏见：成见、私见、全见……

失足：失误、错误、沉沦……

自尊：自重、自强、自负……

调和：混合、和谐、苟合……

引入相似或相反的概念，是为了要向所论述的观点"聚焦"，增强论证的全面性，突出自己所持观点的合理性、深刻性、全面性。

3. 概念分解：拆字、拆词释义

①"初"从衣从刀，用刀裁布是制衣之始，初即指"本来的"，又可引申为表次序"第一个"，"初心"就是"本来的心愿"，是初愿、初志，做什么事都要用"第一个"考量。

②"初心"，"初"是"最初"的意思，而"心"是指"心思"。初心也就是最初的梦想。

拆字释义是将核心概念中的一个字根据其笔画、造字方法等来赋予意义。比如，"'舒'，'舍'得给'予'，自然也就'舒'心"了。拆词释义则是将概念中包含有两个语素或多个语素的词语一一拆开，分别阐释各自独立的内涵。

拆字、拆词释义言之成理、自圆其说即可，未必需要考证词语的本义，但需要结合题目所给的材料，结合现实语境，并结合其字词本身结构、组成，仔细推敲琢磨，切不可简单轻率地拆解来牵强附会、生搬硬套，以致离题万里。

此外，概念的界定还可用比喻释义、举例释义等方法。

如果人是一支芦苇，那么初心便如芦苇之根茎，人们通过它汲取养分，依赖它维持身形。

总之，在我们审完题确定核心关键词后，要有意识地辨析、界定核心概念，综合运用各种方法，多加质疑思辨："××"是什么，不是什么；"××"的近义词是什么，反义词是什么；"××"的组词结构是什么；等等。

敲黑板：

（1）"下定意"是用"我认为""我以为"来明确概念，自己赋予概念新的解释。

（2）合理辨析、界定概念，解决其"是什么"的问题。只有解决了"是什么"，才能进一步思考"为什么"和"怎么办"。

（3）界定、辨析概念的过程，也是圈定具体写作范围，化大为小、化虚为实的过程。

（4）"下定意"强调在概念的引申义、比喻义、象征义、语境义、具体的意义范围内提出合理的、个性化理解。

● 读写实践 ●

1.阅读下面这段名家的文字，试分析它用了什么方法来界定概念。

如果非要给"书生"下一个定义，那就是"书生"即"为书所生、以书为生、生于书中、书伴终生"的人。其中第一个"生"，指诞生，书生是读书读出来的，一个人只有读了书才有可能成为书生，书，生化出了书生；第二个"生"是生计，书生身无长物，大多以读书、著书、教书为谋生手段，有的也去给有权势的人当幕僚或智囊，仍旧是靠了书本上的话出主意，是书养活了书生；第三个"生"是生存，书生相信书本中的信条，迷恋书中的境界，沉迷于读书、看书的乐趣，别人生活在现实的社会里，他们往往是生活在书本里，或者古人的书本里，或者洋人的书本里，或者自己撰写的书本里，以往精明的世人把那些一头扎在书堆里的人喊做"书蠹"，算是看透了书生的本事；第四个"生"是生命，标准的读书人是"活到老，读到老"，"皓首穷经"至死离不开书本的，书是书生的命根子。（鲁枢元《书生意气》）

☀ 读写提示：

　　鲁枢元别出心裁，把简单但又难以定义的"书生"一词拆开，围绕"书"字，逐层阐释了"生"的四重含义，巧妙而深刻地论述了"书生"的内涵及其四层境界。

　　2. 用本节课所学的三种方法界定下面作文题中的核心概念。每种方法40字左右。

　　阅读下面的文字，根据要求作文。

　　有人说，好看的皮囊很多，有趣的灵魂太少。有人说，最怕的不是没有思想，而是满脑子装的是标准答案。

　　读了上面的文字，你有怎样的感悟和思考？写一篇论述类文章。

☀ 读写提示：

　　（1）"下定意"：皮囊是灵魂的载体，使思想得以展现。但是，没有灵魂的皮囊就如同一棵空心树，无论看上去多么粗壮都无法变得枝繁叶茂，长出思想之果。

　　（2）概念比较辨析：皮囊不同于肉躯，它是指一个人光鲜亮丽的外表；而灵魂也不同于精神，它高于精神，能让一个人的生命发出最璀璨、最耀眼的光。

　　（3）概念分解：皮囊，"皮"为外皮、外表，"囊"为袋，以承载高贵的精神与灵魂。不妨将"毛之不存，皮将焉附"改为"皮囊之不存，灵魂焉附"？

　　3. 以下是北京高考微写作"学习语文的体会"的一篇样文，请从概念界定的角度加以分析，此题满分是10分，你会给几分？

　　语文就像是一首歌，语文就像是一首诗，是一股从山间流出的淙淙清泉，它滋润着我们的心田，给我们以快乐和愉悦。语文伴随着我长大，是我生活中的好朋友，我欢乐时它和我分享，我失意时它给我勇气。我喜欢语文，它充实了我的学习，装点了我的生活，给了我无限希望，我会永远热爱语文。

☀ 读写提示：

　　这篇小文最大的硬伤是文不对题，没有回答学习语文的具体体会，只是一味地堆砌一些不知所云的优美文句。如果把此文中的"语文"换成"音乐""数学""物理"等也是文从字顺的。因此这是一篇华而不实、大而无当、文不切题的"颂歌"，给分不能超过4分。

第18课 论述语言 从"说人话"到"说好话"

无论写作何种体裁的文章，表达的基本要义都要遵循"文从字顺"，即用词妥帖通顺，辞能达意。议论文是为了输出观点的"公共说理"的写作，其终极目的是要好好地将事情说清楚、将道理说明白，这样的文体特征决定了其若要"辞能达意"，则有固有的规范：准确、严谨、理性。但当下写作中同学们的语言表达、句法形式训练，多有力有未逮或矫枉过正的现象，这不得不引起我们的重视和反思。当务之急是对"议论文需要怎样的语言"的理念正本清源。

一、议论文语言表达的现状："不说人话"

"不说人话"是指议论文写作中每个同学作为应该明晓事理、辨知是非的独立个体却失去作为"写作主体"的固有身份，表达或是太过口语化，或是矫揉造作，没能用恰切的语言表达和阐发自己的观点，缺乏基本语言素养。我们在语言表达时常犯以下三种典型弊病。

1．语言表达口语化、生僻化、网络化

（1）口语化

议论文的语言，必须符合书面语的特征，而许多作文中的用词却与日常交流时的口语相似，随意单一：

十分痛心／分外努力／有话没有说出来，让人非常难受／人们有多么地竭力反对这种做法／对此感到无比担心／凡事要往好的方面去想……

类似语言表达显现的不仅是写作者用词范围狭窄，词语匮乏，表达水平低幼，实际上暴露的更是思维上的短板。因为语言是重要的交际工具，也是重要的思维工具，语言的发展与思维的发展是相互依存的关系。从这个角度来说，遣词造句实则反映的是我们的语言素养问题，议论文写作的语言是思维的外现。我们的议论文写作中尚存大量类似的语言表达，说明我们对此没有引起足够的关注，同学们不能根据具体的语言情境和不同的写作对象及时调整自己的语言表达，没有完成从生活语言到书面语言的基本转换。在不同的场合，面对不同的对象，根据不同的写作目的，选择不同的词语，恰如其分地表达自己的观点，这是每一个写作者要把握的语言的"分寸感"。

（2）生僻化

个性化、创造性的语言值得提倡，但不能"以辞害意"而形成阅读壁垒。类似"万

里蹀躞，慎于流言""一生怀才不遇，濮落于叹息之中""方可迎来黼蔀黻纪的美好前程"……在语言表达上"用词过猛"，形成阅读障碍，却成了当下流行的文风之一。引发舆论广泛关注的 2021 年浙江省高考满分作文《生活在树上》运用了大量诸如"嚆矢""玉墀""婞直""孜孜矻矻"等生僻词，便是典型的例证。

议论文写作在遣词造句上要厘清一个基本认知，文风和词句的美感并不是不重要，而是没有必要堆砌辞藻，晦涩艰深更是大可不必，我们应追求的是表达的流畅、理性，不故弄玄虚，避免艰涩绮丽的语言风格和佶屈聱牙的语言形式，生僻词的强行植入更是应大力规避的。

（3）网络化

诸多网络用语在同学们的作文中频出的现象不可小觑，这自然和高度信息化的社会息息相关，更与我们在写作中没有引起足够的重视有关。力避类似"渣男"等粗鄙化、低俗化和暴力化的词语确是共识，但有的同学误认为"我破防了""YYDS""绝绝子"等流行语"接地气"、贴近受众而将之写入作文中。殊不知，这些格调不高的流行语进入公共说理，消解了语言的美感，更折射了写作者不加思考而被网络用语"同化"的"思维惰性"。

2. 句式表达僵化

一般来说，议论文是要用现代汉语作规范表达，文句典雅、有意蕴也是其语言表达的追求，但是如果单是记住几句"万能"的"套话式"拟古化表达则大可不必。常见的"私以为……／诚哉斯言／我辈青衿……／故予言曰……／综观斯世／揆诸当下"等故弄玄虚的文言化固化句法其实是"假大空"话语的另一种变体。此类"伪文采""装文化"式的表达有两大弊端：一是文白相杂，生硬、做作、怪诞，给读者以不伦不类、不知所云之感，这显然跟以说理为主、要表达自己观点的议论文应有的语言风格格格不入；二是固化的套话遏论语言创造力，更无法体现写作者的独立个性和深度思考。

3. 语言风格叙事化

议论文写作要求议论分析事理，但是许多初学议论文写作的同学常常会写成"夹叙夹议"的散文，或因"以叙代议"而使文体"四不像"。

语段 1 前段时间看了部电影，电影名叫《让子弹飞》，我觉得就很好地诠释了"反转"现象。因而出现热词"蹲一个反转""让子弹飞一会儿"。那么该现象源于公众分析力的不足。

语段 2 一度听说过"奶头乐"这个词，这是美国一大智囊公司提出的策略，用于解释财富集中于 20% 的社会精英，而剩下 80% 的人则慢慢丧失了思考能力的现象。这便是娱乐。

本是两个精警有力的论据，却因为其语言表达方式是以"我"的感受、体验、见闻来"抒写"的，因而成了"口水文""神侃体"。在议论文的价值评判体系里，议论文的语言反对自说自话式的"絮语"说"私理"，不能用类似重体验感受的叙事化、抒情式语言表达。

从表面上看，这些语言表达是因为没有明晰议论文的文体特征而偏向散文化的表达，实际是诸多原因造成的：一是同学们的个体阅读习惯、教材选文都偏向散文类型的文章，形成了这种固化的思维模式；二是议论文写作意识不到位，对语言表达的认识和训练尚显不足；三是受到宏观上的"文统"的影响，"言之无文，行而不远"的创作观念使我国古代逻辑学发展不够充分，我国古代大量的议论文存在以喻代议、以例代议的倾向。从这一点上来说，议论文写作首要致力于"明确文体意识"，以"观点统率材料"作为起点。

二、议论文语言表达的规范："说人话"

议论文语言表达要由"不说人话"向"说人话"转向，这里的"人话"是借朱自清散文《人话》一文中的说法：

别处人不用"人话"这个词儿，只说讲理不讲理，雅俗通用。讲理是讲理性，讲道理。所谓"理性"（这是老名词，重读"理"字，翻译的名词"理性"，重读"性"字）自然是人的理性，所谓道理也就是做人的道理。现在人爱说"合理"，那个"理"的意思比"讲理"的"理"宽得多。[①]

"说理"是议论文的根本，有理有据、以理服人的文体特点要求议论文语言表达流畅理性而不故弄玄虚，做到自圆其说、逻辑自洽。"符合文体要求""语言通顺"是对语言表达的最基本要求，我们要凭借语感和积累及时调整自己的语言表达方式，力求使语言表达符合议论文的基本规范：①准确、严密、理性、客观；②概括性、简洁性、逻辑性。

如何通过"外显"语言表达提升"内隐"的思维品质？比如，议论文写作的语言需准确、严密、理性，"准确"表现在概念使用准确，状语、定语等修饰成分恰当。

①程度词：稍微、略微、几乎、过于、尤其等。
②范围词：只、一概、一律、单单、大凡是、仅仅等。
③时间词：已经、目前、将要、迄今为止等。
④判断词：大概、可能、或许、也许等。
⑤频率词：往往、通常、总是、有时、偶尔等。

---

① 朱自清. 人话 [M]. 西安：陕西人民出版社，2012：202-203.

这其实是著名的图尔敏论证模式当中限定词（Q）的运用，为确保主张或结论成立，而对论证范围和强度做限定，为学习"理性话语"提供具体的写作方法。通过对"用词准确"概念的理解和使用"限定性词语"的实操性语言训练，培养自己语言运用的能力。

三、议论文语言表达的提升："说好话"

"说好话"是指议论文写作言辞达意，在保证语言表达的准确理性、合乎语法逻辑规范的基础上，更要追求深刻、丰富、有文采以及创新的表达。"百炼为字，千炼为句"，具体表现在词语生动、句式灵活、善于运用修辞手法、文句有意蕴等方面。

1.书面语：生动的词语

生动词语的运用能使论述更有说服力和感染力，可以把问题分析得更清楚。

试比较：

语段1 当下社会，欲望膨胀，道德滑坡，我们不禁要问：人的尊严从哪里来？阳光被云朵遮挡，尊严被慵懒侵蚀。人活着，必须用劳动高扬尊严，用生命保卫自由。

语段2 当下社会，欲望膨胀，道德式微，我们不禁叩问：人的尊严从哪里来？阳光被云翳遮蔽，尊严被慵懒侵蚀。人活着，必须用劳动高扬尊严，用生命捍卫自由。

比较上面两个语段，虽然只是改动了个别词语，但是从表达效果上说，显然语段2是更"准确、生动、有逻辑地表达自己的认识"的语言表达，且议论文明确的褒贬判断、鲜明的感情色彩也贯穿在行文当中，读者从字里行间不难体会到写作者的态度与立场。在选用词语时，我们要有意避开常态的词语，转而运用书面语。这种转换为书面语表达的意识要时时贯注在写作中。

原词	书面语	原词	书面语
狭窄	逼仄	同情心	恻隐之心
阻碍	阻滞	急躁	褊急
休息	休憩	嘲笑	揶揄 / 戏谑
牵制	掣肘	很吵	聒噪
夜以继日	焚膏继晷	继续	赓续
胡说	谵妄	不用说	遑论

语言的运用以积累为基础，同学们要不断扩展自己的语文积累，建构自己写作的语言表达体系。没有积累，无以建构；没有积累，无以运用。需要强调的是，重视积累并不是简单地反复抄写和做题，而是要把积累运用到写作中，割裂的、零碎的、机械的积累很难有好的效果。要以独立自由的精神姿态和批判性的思维方式参与社会公

共生活，做到全面审视和理性表达，才能凭借语感和积累及时调整自己的语言表达，使语言表达准确清晰。

需要说明的是，议论文的终极目的是"说理"，要紧紧围绕思辨、思维、逻辑、论据等追求语言表达的尽善尽美，而不是表现为"小文人语式"概念模糊、主题缺失的"伪议论"，更不能以辞藻华丽、文风艰涩为导向。高考作文评分标准引导我们要培养良好的文风，而不是生僻晦涩、炫技式的语言表达方式。从这个角度来说，与其追求语言华美而逻辑混乱的文风，不如追求语言平实但思路清晰的文风。

2.引用语：恰切引用

从举实例分析到引经据典、旁征博引地融会贯通，以突出"说理"特性，应是议论文写作者的自觉追求。

从快递员雷海为在诗词世界中遨游，到打工人吴桂春在东莞图书馆借阅十二年，再到陈直打工研读哲学，这些故事说明：每个你和我，都有追求内心精神世界的权利。无论逆袭与否，知识本身就是目的，身份与职业不是阻碍充实心灵的绳索。哪怕打工生活还得继续，但自作主宰的人总能活出自己的精彩。正如罗曼·罗兰所说："世界上只有一种真正的英雄主义，那就是看清生活的真相之后，依然热爱生活。"对于"打工人读海德格尔"这件事，我们不妨多一分理解和尊重。祝福陈直，也祝福每一个勇敢追求、精神充盈的人。（夏小正《打工人读哲学正常吗？这个问题里有两个偏见》，"人民日报评论"公众号，2021年11月25日）

这个时评片段引用罗曼·罗兰的名言精准恰切，在增添文采的同时也深化了文章论述，而在罗曼·罗兰名言后的补充和分析，既是对该段论述的煞尾，又是深化，更是本段论述的一大特点。"恰切引用"重"恰切"而非"引用"，即重形式逻辑的建构。我们要不断训练逻辑推理能力，通过不断训练，将之内化为一种文化修养，提高自己的表达能力。我们的阅读要转向阅读论说名篇、时事评论，以此作为"范例"，把握作者的观点、态度和语言特点，理解作者的立场、观点和阐述观点的方法逻辑，学会分析质疑，多元解读，培养思辨能力。从这个意义上说，若是没有逻辑方法的指导，即使积累再多的名人名言也是枉然。

3."藏梗"语：文句有意蕴

潘多拉的盒子	铁屋的呐喊	晕轮效应	"奶头乐"理论	异化
后真相时代	恒河之沙	原子化社会	泯然众人	燕然勒石
罗生门	"黑天鹅"事件	单向度的人	曳尾涂中	西西弗斯
洞穴寓言	信息茧房	工具理性	道德律令	反脆弱

"文句有意蕴"是指语言表达要有张力，信息量大，语意丰富。借用传统文化"典故"一说，我们通俗地称之为在文句表达中"藏梗"——暗含大家熟知的电影桥段、文学典故、学理公论、哲人逸事等。上框所列大致可分为两类：一是典故，二是"学理"词。议论文的说理必须上升到在相关领域的已有的"公论"、权威说法等，使论述得到学理上的支撑，进行"硬核"说理，增强说服力。

众所周知，人的认知来自个体的直接经验和由历史文化传统承袭而来的间接经验。而这些"走过的路，爱过的人，读过的书"都沉淀在每个人的见识里，孕育着个体的精神世界。但不得不承认的是，它也困囿了人对外部世界的全面认知。每个人都成了"洞穴寓言"里不自知的囚徒，以为影壁上的火花映照的牛马就是全世界；每个人都是"芝诺圆圈"里以自我认知画出或长或短周长的局限者；每个人都是尼采所言的"目光所到之处就是高墙"里的囚犯。受限是宿命般的存在，故必须承认的客观事实是人是自我思想、自身经验的囚徒。（下水文《在"无知之幕"后求"全见"》）

这个语段的语言表达的亮点除了引用著名电影《卡萨布兰卡》的经典台词和尼采的名言外，还将柏拉图的哲学寓言"洞穴寓言"和芝诺"知识圆圈说"融入自己的表达中。对于这些大家熟知的论断，不必作详细例证或引证，而是"点到即止"式地"藏"于文字表达中，使语言密度性高，文章有丰厚的文化底蕴。

语言运用的能力背后是思维的深刻性、敏捷性、灵活性、批判性和独创性。培养说理的习惯、态度与能力，提高理性思维水平，是议论文写作中重视语言表达的旨归。往深一层说，恰如徐贲在《明亮的对话：公共说理十八讲》中所提倡的："说理教育不是为了使人论辩获胜，也不仅是单纯的技能传授，而更与人的文化教养和道德素质联系在一起，传承着人类共同文明和自由、平等、理性的说理价值。"[1] 提升我们的思维能力和写作素养，关注未来社会人才素养需求（如交流沟通能力、媒介素养、数字读写能力、批判性思维、创造力），指向的是同学们关键能力的培养，通过议论文的写作，学习公共说理，为同学们有效地参与公共生活夯实基础。

--------◦ 读写实践 ◦--------

1. 请查阅相关资料，理解下列"梗"的意思，并试着补些"梗"。

悬浮时代　　白象效应　　零和博弈　　透明的眼球　　愈合的股骨　　"野蛮人"（美丽新世界）

_____ _____ _____ _____ _____ _____

① 徐贲 . 明亮的对话：公共说理十八讲 [M]. 北京：中信出版社，2014：序言 .

☀ 读写提示：

> 弱德说　小确幸　偶像的黄昏　漫漫长夜的守更人　呼愁　河的第三条岸
> 后喻文化　钝感力……

2. 请比较下面两个语段，圈出不同的用词，并概括不同用词的效果。

语段1 在俗世人间中，平凡的生活有时会令人厌烦，悲惨之情不由得回环旋转于心胸，但若走进大自然，沉醉于水色青绿之中，便能得到心灵的振动，重新爱上这个世间。

语段2 在如烟世海中，凡庸的生活有时会令人厌烦，酸怆之情不由得缭绕心胸，但若走进大自然，沉醉于泓碧翠峰之中，便能得到心灵的震荡，重新爱上这个世间。

☀ 读写提示：

> 词语：在如烟世海中，凡庸的生活有时会令人厌烦，酸怆之情不由得缭绕心胸，但若走进大自然，沉醉于泓碧翠峰之中，便能得到心灵的震荡，重新爱上这个世间。
>
> 效果：用词典雅，辞藻丰富，意境深远，显示写作者良好的语言素养。

✏ 第19课 有针对性　从"揆诸当下"到"揆出当下"

初学者的"典型"议论文大多是一味举例迎合命题观点的"举证文"和言之无物、废话连篇的"宏空文"。要增强议论文的现实针对性，不能单"就题写题"，而要审视作文题折射的社会问题，这要求同学们写文章时要彰显自己的当下意识和现实关怀。这节课，我们要完成从"揆诸当下"这样套化、固化的表达到真正的"揆出当下"的转变。

一、"议论要有针对性"的内涵

"议论要有针对性"，是指议论要就典型的社会现象或者某一个现实的问题、某些有争议的问题展开，充分考虑"读者对象"。

什么是"现实生活中的某个问题"呢？这个"问题"有没有可能是一个光明、美好、正能量的社会现象？一般地，在议论文写作中聚焦的是不良社会现象、错误的做法、有争议的问题或假恶丑的风气等，而我们写作是为了给出正确的价值观和有效的解决途径。我们借助图来理解：

由"叉"到"钩"，我们的写作要指出错误、驳斥错误，再指出正确的做法。图中"☑"要大些，说明立论部分的篇幅比重应该要大些，而驳斥错误做法的文字可少一些。

我们处在一个网络无处不在的时代，互联网让人们可以随时随地、灵活有效地学习，学习途径日趋多元，但对青年学生来说，因为缺乏辨识信息真伪的能力而容易在信息过载的互联网中信息迷航，每天被纷繁的消息轰炸着而失去了自主学习的能力。

这个语段先肯定互联网学习的优点，再指出弊病，重点在"但"后面。我们谈面临的"新的问题"的时候，要全面、客观地看待，它们未必都是差劣的现象，而往往是"利弊互现"的，但我们在写作中为了突出"针对性"，会偏向于对"弊"的阐述以厘清有争议的问题，认识模糊不清的现象，批评某些社会现象，否定错误的观点与看法，并在此基础上确立自己的立场、提出观点。

二、"议论要有针对性"五大写作策略

我们以统编版高中语文必修上册第六单元的写作任务为例：

《劝学》是两千多年前荀子对学习问题的朴素认识，《师说》是一千多年前韩愈对"耻学于师"的批评。随着社会的发展变化，我们今天在学习中又遇到了新的难题。针对当下学习中的某些问题，以《"劝学"新说》为题，写一篇不少于800字的文章。

此题写作的指向非常清楚，要传承古人"锲而不舍""重视积累"等学习的智慧而对今天的人"劝学""促学"，重点应该在"随着社会的发展变化，我们今天在学习中又遇到了新的难题"这句话上，今天遇到哪些具体的难题，需要每个人关切现实来发挥。

1. 由"大"到"小"：从笼统概念到具体现象

我们必须要针对"今天""学习""新的难题"三个词语展开充分思考，才能完成本次的写作任务。随着时代的发展，我们对于学习的认识也在不断地丰富和变化，今天的学习呈现出全新的特点。比较古今，古人论学观点在今天有哪些特殊的发展？时代发展中学习出现哪些新的特点？我们将紧扣这三个词语将想到的"难题"一一列出来。

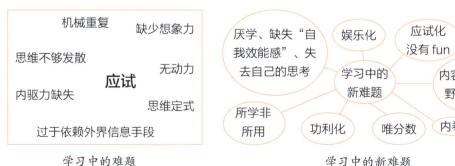

学习中的难题　　　　　　学习中的新难题

引起关注的、迫切需要解决的"学习中的新难题"大概率是关于互联网学习、学习娱乐化、学习碎片化、学习应试化等问题。关注到当下这些现象，运用到我们的具体行文是什么样的呢？

揆诸当下，在这个数字信息化的时代，互联网上各种学习资源让我们在信息洪流中浮沉，反而失去了学习中最重要的能力——自我判断、省知的能力……

这样以"揆诸当下"起头的针对社会现象的写法，问题不仅在于"揆诸当下"这种俗滥化的固定表达与语境不谐，更在于泛泛而论，对不良的现象一笔带过，针对性并不强。如何"揆出当下"，我们可从以下几个方面思考：

①针砭时弊，针对现实问题，有针对性地解决问题。

②论证过程针对具体的对象进行分析论证，着力解决问题，才有说服力。

③启发说理对象深入思考，分辨是非，以做出正确的判断和行动。

2. 由"泛"而"聚"：从不看对象到有的放矢

有针对性就是要"心中有人"，专业一点说就是"写作有说理对象"，在思考是"针对什么现象""什么社会问题"的同时，还要思考"发生在哪些人身上"。我们用简易的思维导图的方式呈现：

依循这个图表支架的思考路径，我们再将上文通过头脑风暴罗列的现象进行一一梳理，可以在所绘的图旁加具体的对象，并把与此对象无关的词语删去。比如，"学习娱乐化""不愿学习"更多指向的是"青年人"；"学习失去兴趣""重复机械化学习""被动接受"更多是指"学生"。我们将所列的内容加以归类，可以发现，我们原先用发散式思维思考的各类现象，是"无的放矢，不看对象"的，而聚焦到"____（人）对象"之后，可以剔除庞杂的、与此类人无关的现象和问题，更集中于"这类 ×× 人出现 ×× 问题"。

我们是按"现象→人"的思路来头脑风暴式搜索相关现象的，转换思路，还可由"人→现象"，锁定"这类人"除了刚才所列的问题之外，还没有其他典型的"问题"。

学生："为了考试分数的学习"，学习盲目化、短视化，常立 flag，但 flag 却常常倒下，不能坚持到底。

青年：因为工作"996"而没有时间学习，或者不学习；"工学矛盾"是"上班族"很典型的问题。

青年大学生：学习短视化、功利化，为了考证、绩点而学习。

老年人："信息鸿沟"，不愿学习新事物新知识，尤其是手机里新的 app 的操作方法等。

这样剔除、聚焦、搜寻，从笼统的、泛泛而论的"人们""人""大众"归结到某一类人，让讨论的话题集中在"特定人群的特定表现"上，这样下笔论证辨析时便更有针对性。

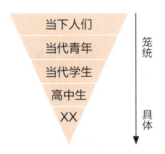

我们拿陀思妥耶夫斯基在《卡拉马佐夫兄弟》中的一句名言来总结我们的思考策略："要爱具体的人，不要总是想着爱抽象的人。"越是落实到"具体的人"，就越能展开具体的分析，就越有针对性。

由"具体的行为出发者"，我们可以把题目改成有具体针对性的对象的命题，将对象"化大为小"，化抽象为具体，如：

①互联网高速发展的时代，网红效应、直播经济盛行，动不动就爆出吸睛的数字，致使有的青少年学习价值观扭曲，以为埋头学习不如当网红。请针对个别不爱学习，甚至持有"学习无用"观念的青年人，写一篇"劝学新说"。

②有些家长担心自己的孩子"输在起跑线"上，便通过各种培训班给孩子超前灌输知识。请对持有"不让孩子输在起跑线上"观念的年轻家长，写一篇"劝学新说"。

③为更好地给新入学的高一学生在学习上提供指导，帮助他们尽快适应高中的学习节奏，校刊开设"学习"专栏，让他们感受学习的变化，探索学习之道。请你给本栏投稿。

这样的设定一下子抓住了当下学习中最典型的新问题，而且这三组命题的情境创设很具体，指向的对象也很明确，都到了"具体之人"。

3. 由"此"而"彼"：从具体之人到虚拟对象

除了循着"××人"犯了什么错误、出现了什么问题，或是某一现象是由"××人"发出的线索探究外，写作中我们的思维还要完成一种转换：我这篇文章是写给谁的？是谁来阅读的？也就是我们在写作时要有"读者意识"。以下面这两张图来加深我们对这两种关系的理解：

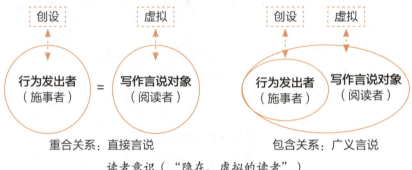

读者意识（"隐在、虚拟的读者"）

左图应该是直接对行为发出者说理。比如，直接对持有"学习无用"观念的青年人、对"不让孩子输在起跑线上"的年轻家长进行"劝学"。右图可以是对广大青年和所有教育焦虑、"望子成龙、望女成凤"的家长。但第二种广义言说是不能撇开行为发出者直接替换的，而是在第一种言说的基础上再推而广之到更广泛意义上的说理——人人都应该树立"共同价值观"。

我们会碰到许多类似没有给出明确的写作情境、写作对象等的作文题，这就需要我们对"隐形的""潜在的"写作者和阅读者，作充分的假想、预估、虚拟、设定，剖析错误做法，揭示根源，揭批其危害，提出最应解决的问题等。唯有如此，写作针对性才会更突出，写作内容也才会更聚焦。

4. 由"个"而"类"：从个别之事到一般之理

如果是针对具体的人和事，有的同学担忧会不会显得"格局小""视野窄"，会不会被评定为"只叙不议"？我们来进一步探讨：

"针对性"还要求我们关注时事和社会热点问题，从中发现问题、提炼话题、深入探讨。现在请大家就下面的表格完成两个任务：一是在□内打"√"或"×"（把你认为不适合作为事实论据的材料打"×"，反之打"√"）；二是在横线上再填两个你能想到的其他的具体现象（或人、事、问题等）。

人/事/现象	具体内容	理
☐ 东莞图书馆借阅十二年的吴桂春	2020年6月24日，农民工吴桂春临别时给东莞图书馆留言："我来东莞十七年，其中来图书馆看书有十二年，书能明理，对人百益无一害的唯书也……"这封131字的告别信被发在网上，吴桂春一下子就成了"网红"。	
☐ 农民工研读海德格尔	2021年11月初，厦门一位名叫陈直的农民工在豆瓣上发帖咨询如何出版自己翻译的哲学著作《海德格尔导论》，因为其农民工的身份，引发了一场关于农民工和哲学的讨论。	
☐ 实体书店没落	2021年言几又连锁书店被曝陷入困境，在北京的8家门店只有3家还在营业。有"最美书店"之称的钟书阁，关闭了上海静安寺店。诚品书店深圳万象天地店、重庆方所书店等知名书店，近两年都关门了。	
☐ "海归"当城管	2022年4月，"光明时评"《当曼彻斯特大学的硕士成了崔各庄的"城管"》：北京市朝阳区公布了2022年公考拟录用人员名单，从这些拟录用人员毕业院校来看，大多是知名高校，其中不乏海内外顶尖高校，从学历构成看，95%以上都是硕士和博士。	
☐ "七彩祥云"课堂	2022年8月28日，云南省昭通市镇雄县第一中学，一位老师特意暂停晚读课，组织学生到教室外欣赏"七彩祥云"。	
☐ _____		
☐ _____		

上面表格中哪些材料该打"√"？哪些材料该打"×"？

显然，"吴桂春""农民工陈直"""七彩祥云"课堂"这三个要打"×"，因为都是正能量的社会现象，展现的是积极的精神风貌，不大符合上文"针对性"是要针对"不良"的问题来开展批驳的描述。

但能不能反其道而用之呢？比如，老师带学生看"七彩祥云"引发舆论高度关注，恰是我们当下太缺乏审美教育，一心只关注课本学习的现实反映。从这个角度切入就变成了"针对当下的社会问题"。按照这种思路，打工人吴桂春在东莞图书馆借阅十二年和陈直打工研读哲学这两则材料也折射了当下对"学习"认识的偏差，对学习和职业之间存在着偏见，可以作为典型的社会价值观来有针对性地展开讨论。主要观点可以是：知识本身就是目的，身份与职业不是阻碍，每个人都有追求知识的权利。

因此，列"现象"不是目的，不能"就事论事"，而应"就事论理"，要就此事来探寻其折射的社会某一层面的问题、价值观等，要超越"一时一事"，从具体问题中得出具有普遍意义的结论。

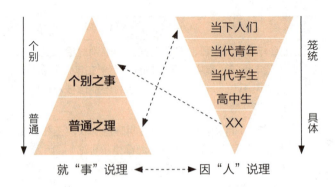

我们就上文所列的"个别之事",得出相应的"普遍之理"。

①"我爱学习,学习使我妈快乐":这是2019年深圳一中学运动会开幕式上一个班级学生的口号,表现了学生学习目的、学习动力的偏差,我们要提倡"要我学"不如"我要学"。

②"乡下来的土猪要去拱城里的白菜":河北衡水中学张锡峰同学在《超级演说家·正青春》的演讲中所说的考上好大学,留在城市里工作等本没有错,但学习的终极目的不是利益、功利的获得,也不是通过竞争压过他人,这折射的是不少学生扭曲的学习价值观。

③"鸡娃家长":上过热搜的"量子波动速读"反映了现在的家长为了能够让孩子考出好成绩,不断地给孩子安排各种课外兴趣班,让孩子们不停地拼搏,有时还缴了智商税。针对这类不当的教育方式,谈如何缓解"教育焦虑",反对"内卷"和教育"剧场效应",避免学习的高耗低效。

④"国学热""读经潮"等各种"××热":学习不能随潮跟风,我们要提出"学一阵"不如"学一生"的观点。

以上所列都是这个时代有关学习最典型、最突出的问题,由现象到本质,由特定的现实问题上升到具有普遍性的"一般之理"。这样展开论证时,就能既有当下现象的针对性、典型性,又有"理"的普遍性、普适性。

5.由"面"到"点":从主题概要到问题本身

为了使我们的议论更有针对性,我们还可以对作文题再剖析,使"'说'的话题"更加聚焦。请同学们根据上文的讨论来补充下面作文题中这句关键话语:

我们今天在学习(的 _____)中又遇到了新的难题。

①填"目的",针对为了应试而学习的学生。

②填"方法",针对"中国式鸡娃家长"。

③填"态度",针对那些沉迷网络游戏或者短视频的人。

这些思考的角度使我们的写作切入点更小,更有针对性。我们一起来看看与此题"神似"的 2022 年北京卷高考作文题，对比一下，看看对我们的写作有什么启示。

教材必修上册第六单元写作任务	2022 年北京卷高考作文题
《劝学》是两千多年前荀子对学习问题的朴素认识，《师说》是一千多年前韩愈对"耻学于师"的批评。随着社会的发展变化，我们今天在学习中又遇到了新的难题。针对当下学习中的某些问题，以《"劝学"新说》为题，写一篇不少于 800 字的文章。	古人说，"学不可以已"，重视学习是中华民族的优良传统。在当代中国，人们对学习的理解与古人有相同之处，也有不一样的地方。 请以《学习今说》为题目，写一篇议论文。可以从学习的目的、价值、内容、方法、途径、评价标准等方面，任选角度谈谈你的思考。

我们发现，教材写作任务要求"有针对性"，所以应该更侧重现实中的种种问题。北京卷可以说说当下出现的线上学习、网络学习、合作学习、终身学习等"学习"的不同方面，这和教材写作任务的"劝学"还是有差别的。"劝学"更侧重劝勉学习，北京卷则可谈更广泛意义上的学习。但，两个作文题都要求关注现实生活。我们在面对类似本题的作文命题时，下笔写作之前要像北京卷这样缩小话题范围，把概括式的"学习"换成"学习的××"，这样，写作内容会更集中。

三、"议论要有针对性"的写作思路

从全文架构来说，我们所写的"针对世事万象"的语段可置于文首或文末，大致可分为两种情况。

	课文范例	写作思路	句式支架
先立后驳：转斥时俗	《师说》 立：无贵无贱，无长无少，道之所存，师之所存也 驳：师道之不传也久矣（三组对比）	转折性提示词语→指出现象→揭示实质或明确危害→提出对策或引起反思（可另起一段）	①反观当下…… ②而今天…… ③时下的中国…… ④今天正处于一个……的时代
先驳后立：直砭世弊	《拿来主义》 驳：闭关主义、送去主义 立：拿来主义	指出现象→揭示实质或明确危害→引出正确的做法	①当 _____ 取代了_____；当 _____取代了_____；…… ②近年来……

行文中，我们可借表格所列的句式支架来明晰自己的写作思路，突出针对性。

<hr>

读写实践

1. 请分析下面这篇习作的论证思路，并圈画出其"有针对性"的文字。

"劝学"新说

温州中学 高三（15）班 林训

时代的步履匆匆忙忙，快餐文学和碎片化学习如尘漫飞。知识体系不完整、价值体系还未形成的青年一代极易在这种世风中迷失自己，难免遭受蒙田所述"文殛"的戕害，碎片化学习会举起文字之斧，砍断青年的创造力。因此，我认为，我们当承"学不可以已"之智慧，更重要的是做到"学不可以浅"。

不得不承认的是，碎片化学习的方式极大地节约了时间，降低了学习的时间成本。这种学习方式并不是新时代的产物，而是自古已有，欧阳修所提倡的"三上"即是明证，他利用零碎时间阅读写作，提高效率。如果没有相对"完整"的时间，利用各个空当来学习，不也是乐学的表现吗？何乐而不为之呢？

但碎片化学习在互联网时代的浪潮中呈现出常态化、扩大化的趋势，已然是"洪水猛兽"。

碎片化学习追求知识的浅俗性、生动性、娱乐化，在扩大学习和阅读广度的同时也消解了其深度。网络的普及让信息的接收对象不再局限于知识分子，而扩展为普罗大众。人们在这种向下"兼容"的文化环境中会自降思维的深度，放弃对文字、艺术的思考，而止步于浅阅读所带来的快感，患上佩索阿所言"弱视症"。桑德尔教授在哈佛公开课"幸福"中指出："学习不是从容器里取出一些知识，再装入其他容器。"人在这种浅俗文化熏陶中会慢慢演变成"知道分子"，被动地接受，不加思考，难免让自己的脑子成为叔本华所斥的"别人思想的跑马场"。

而更令人忧虑的是，碎片化学习所获取的碎片知识如果不经知识网络的连接，终究是"一地鸡毛"。碎片化学习的网络时代特征注定了其知识不成体系，缺乏真实性和科学性。碎片知识被包装以生动易于理解的外壳，将人们导向厌恶深度阅读的深渊，养成惰性思维的陋习。而青年尚未建立起分辨信息的能力，在纷繁芜杂的信息洪水中随波逐流、迷失自我。如果沦为"群氓"，更是拒绝理性而复杂的思考，只简单地选择两个极端，或全盘接受，或一概拒绝。

因此，学不可以"浅"，基础在"夯"，时间在"全"，要义在"思"。不能简单地浮于知识表面，而要深究其内涵。掌握"元认知"，即思考问题产生的背景、原因、合理性和必要性等等，提高思考问题的站位，运用发散思维，向四面八方想，向新奇、独特之处想，力图拓展自己的思维网络。面对高密度的信息潮，要积极寻求熊培云所言的"第六种自由"。我们要摈弃碎片化学习，用习近平总书记对新时代青年寄予的期望，即"用敏锐的眼光观察社会，用清醒的头脑思考人生，用智慧的力量创造未来"，来深谙"学习"的应有之义。

"浅水喧哗，静水流深"，不应因学习方式的"喧哗"而放弃学习要义的"静深"。

☼ 读写提示：

　　本文紧扣"学习的新问题"，针对"碎片化学习"展开层层论证。全文以层进式构架全文，首段明确地提出观点，从辩证地看待"碎片化学习"的优点入笔，转入论述"碎片化学习"的缺点及其可能的危害，再提出具体的解决途径。每段段首的"关联词"的运用，使逻辑层次清晰，全文成为一个有机的整体。

　　2. 请研读教材必修上册第六单元的课文，从"议论的针对性"角度来完成下表。

篇目	针对什么现象	针对什么对象
《师说》		
《反对党八股》		
《拿来主义》		

☼ 读写提示：

篇目	针对什么现象	针对什么对象
《师说》	针对当时耻学于师的世风	不学习的士大夫
《反对党八股》	针对"八条罪状"八个现实问题	党内有主观主义、宗派主义倾向的党干部
《拿来主义》	批驳"闭关主义""送去主义"等种种错误做法	奉行"送去主义"的国民党

第四章

CHAPTER 4

不同类型命题的写作

我们通常将议论文结构分为三类：并列式、对比式、层进式。一般说来，并列式、对比式结构框架清晰，能够在短时间内让读者掌握写作者的思想脉络，多适用于演讲稿、发言稿等。而对于追求思维缜密的议论文而言，我们还是力倡层进式结构，因为层进式结构遵循由浅入深、层层深入、步步推进的论证思路，最能体现写作者的精进性、流畅性、深刻性等思维品质。

一、思维现状："平面化"印证

名言警句类议论文一般是将某人说过的一句或几句名言警句辐辏作为作文命题的主要内容。

> 阅读下面诗歌 /×× 的话 /× 句话，根据要求作文。
>
> A 说："……"
>
> B 说："……"
>
> 对此，你怎么看？请写一篇不少于 800 字的论述类文章。

对此类单一指向的作文题，有的同学会采用并列式结构，立论上也会一味地将这些话所导向的观点作为自己文章的论点，尽其所能列举名人名言、名人逸事来"印证"此观点，并排除与论点不一致的例子，行文模式化、套路化。孙绍振先生曾痛心地指出："我们的传统议论文教学，先有论点再举例子，以论点为纲是最可怕的，会让学生对流行共识性的、权威性的观点无条件盲从，一辈子没思想。"[①]

也有些命题所给的是两句相反或相对的话语，包括许多变体——如近几年的浙江卷、上海卷高考作文题，直接呈现两种截然不同的观点、矛盾的情境等。

> 阅读下面诗歌 /×× 的话 /× 句话，根据要求作文。
>
> A 说："……"
>
> 而 B 却说："……"
>
> 对此，你怎么看？请写一篇不少于 800 字的论述类文章。

面对这样相互抵牾的"矛盾式"命题、对立型论述，没有思辨能力的同学则多用对立式结构架构全文：在行文中具体表现为掐头、去尾、除衔接段之后，矛盾的正反两面各写 350 字的均衡用墨，再给出"两者兼顾""双刃剑""有利也有弊""一体

[①] 孙绍振，刘晓宁 . 辩证思维：高考作文命题与写作的灵魂 . 语文教学与研究（教研天地）[J]. 2020（01）.

两面"等观点收束全文。这种对立式结构有别于先"破"后"立"的"破立相合"的对比式结构,它不过是用例证"复核""迎合"命题的两个对立方面,其实质依然是"观点 + 材料"扁平化的论证结构,折射出写作者思维的固化、僵化。

事实上,写出这样并列式、对比式行文结构文章的根本原因在于同学们面对这类命题缺少"独立的思考",大多数同学面对名言警句、箴言格言都是不加思索地认同它,不质疑,不追问,不批判。如何阐发自己的观点?如何学习从多角度思考问题,讲究逻辑?我们从如何认识"名言",如何构架层进式结构来深入地探究。

二、问题支架:"电钻式"追问钻探多层次

首先,我们借一则对话来明确命题所用"名言"的"真"与"假"。

A:"今天 ××(地名)好冷啊!"

B:"不可能吧!今天有 18 度,一点儿也不冷!"

A、B 对话不在同一频道的根本原因在于 A 所说的是个人的感受与观点,而 B 说的是事实。长期以来,同学们对"'×××说'……你怎么看"这样的名言警句类作文命题,诸如"失败乃成功之母"(格言)、"无论黑夜多么漫长,白昼总会到来"(莎士比亚)、"不幸是一所最好的大学"(别林斯基)等,往往错误地把这些名家名言、名言警句当作"B",即"真理""常识""事实"来论证。而事实上,"×××说"表达的是其"观点"而非"事实",或者说,是一种价值判断的"应然",而非事实判断的"实然"。

名言之所以成名言,是因为它在很大程度上是合理的、可信的,但是,也不排除有的格言、箴言、名言存在观点片面、褊狭,甚至武断的可能,它可以被批判,可以被质疑,但在一定的前提下或特定范围内它又是正确的,需要同学们明辨。从根本上说,这种分清"事实"与"观点"的做法其实直抵议论文的写作精神:"具体问题具体分析",在承认其普遍性的基础上分析其特殊性。当然,这种正误并存的具体分析有异于用不同的标准对待同一样事物的"双标",它是用同一逻辑、统一标准来作具体、客观、理性分析。

以这种分清事实与观点作为论证的起点来观照名言警句类议论文,多角度论证、层层深入,要如"电钻"般铆住名言的观点或从中提炼的关键词步步钻探、追问:从事实层面观照其可能存在的失之偏颇、疏漏之处;再从观点所依存的环境、背景、情境(历史语境和现实情境)等方面观照其合理性,从这两个不同角度做理性、深入、缜密的分析。

名言	正误判断	分清事实与观点态度	问题支架
	× 不正确	其事实是什么？	①要不要考虑反面论点？ ②走向极端会怎样？ ③有特殊的情况吗？ ④特殊之外还有特殊吗？
	√ 正确	这个观点怎样才算正确？	①必须有什么前提才成立？ ②什么情况下不成立？ ③这句话是基于什么情况提出的？

我们借助上述"问题支架"对两句对立式名言构架立体层次："'一分耕耘，一分收获。'可现实中往往存在着徒劳无功的情况。"

①一般来说，一分耕耘，一分收获。只要方向耕对（没有南辕北辙），方法耕对（没有拔苗助长）。

②但，也不尽然，可能一百分耕耘才有一分收获。

③偶有一分耕耘却有十分收获的情况。

④常态是"不耕耘，没有收获"，人们要做的是去功利心。

⑤摆正心态："要怎么收获，先那么栽"（胡适语），"莫问收获，但问耕耘"（曾国藩语）。唯不功利，重过程，量变到质变，不操之过急，功到自然成。

⑥即便没有收获，有过耕耘已然是一种收获。

通过抽象的思辨，也就是围绕主问题不断地进行追问，将其分解成一些子问题，然后将子问题进行再分解，形成一个有层次有梯度的问题链。这个不断追问的过程，是不懈质疑和反躬自问的过程，是比较、推断、辨析、评估、论证的过程，甚而要进行反驳和证伪，纵深开掘观点的多种可能性，唯其如此，我们才能称之为"论证"。

三、句式支架："锁链式"关联词勾连逻辑

并列式结构的文章各段往往并行或各自成段共同指向一个中心观点。以往同学们在议论文写作中多用"是什么""为什么""怎么办"推进全文结构，显然还是太粗放化、机械化。在层进式结构中，尤要用批判性思维，层层剥笋般地围绕关键词进行质辩，揭示其诸多可能，为了凸显层与层、段与段之间的关系，在每个段落的段首需要恰当地运用关联词语，表示每段内容之间的因果、递进、假设、并列、条件、转折、让步等关系，形成紧密的逻辑关系。

| 因果 |
| 递进 |
| 假设 |
| 并列 |
| 条件 |
| 转折 |
| 让步 |

按照逻辑推演论证各层级，使每个层次之间互相嵌套，相互契合或互为反证，纵向挖掘，层层递进，串联成"锁链式结构"——各层级如锁链一环扣一环，完成论证的简单逻辑自洽，自成一"体"。我们列各种逻辑关系的具体句式支架如下：

逻辑关系	句式支架
让步关系	当然……然而……/ 诚然……但是……/ 殊不知……/ 无可否认……其实……/……固然不错，但是……/ 有人或许会说……但是……/……无可非议（无可厚非），但是……
因果关系	① 我认为……，是因为……，同时还是因为……，更重要的是因为…… ② 这种说法实质是……/ 追根溯源……/ 其原因无外乎两点：……/ 从根本上说……/ 往深处说……/ 究其实质……
条件关系	当然，这要依循的前提是……/ 从某种意义上说……/ 从……角度而言 / 在……情况下
递进关系	不仅如此，而且……/ 更重要的是……/ 况且……/ 与其说是……倒不如说是……
归谬关系	按照这种逻辑……/ 如果说……那么……/ 不妨假设……/ 然而，若是一味……
类比关系	这并不是一个孤例，……有之，……亦有之 / 与之相似的还有……/ 无独有偶（贬义）

我们以下题为例来说明如何借关联词句式支架搭建思辨逻辑层次。

阅读下面的材料，根据要求作文。

俗话说："好看的皮囊千篇一律，有趣的灵魂万里挑一。"

对"皮囊与灵魂"关系的看法，大家见仁见智。你如何看待二者关系？请你写一篇不少于 800 字的论述文。

在对"皮囊与灵魂"作概念界定、明确观点的基础上，为突出关联词运用在搭建文章层次中的作用，我们用两种方式来推进文章层次。

方式一，以关联词促深入思考，使内容层层深入：

思想灵魂高贵重于皮囊之美……

其根本原因在于……

然而，不能否认的是……

但是，若是一味地……

更重要的是……

显然，有了"其根本原因在于"的提示，行文便要紧紧围绕着对"原因"的探寻展开，即思想灵魂何以重于皮囊，而"然而，不能否认的是"作为段首句，整段便要以退为进论述追求皮囊无可厚非，论述皮囊之于灵魂的前提性条件等。

方式二，以层层质问立全文结构，再补关联词，以明晰各段之间的紧密关系：

思想灵魂高贵重于皮囊之美。……

　　①　，不能否认皮囊之用，爱美之心人皆有之。……

　　②　，文质兼美自是完美，当下，追求皮囊者多，不能以"金玉其外败絮其中"一概而论。……

　　③　，有思想、有灵魂的人其皮囊也会随之改变，"腹有诗书气自华"。……

　　④　，有人秉"皮囊速朽，灵魂永在"之理念而"舍生取义"。……

以关联词的句式支架来构架全文，①处可填"然而"表转折关系，②处可填"当然"表让步关系，③处可填"殊不知"来强调容易被人忽略的特例或反面意见等，④处可填"甚而"来表递进关系，突出在特殊之外还有特殊的个例，以彰显理性精神。

在诸多层级中，名言警句类议论文尤要注意的是"让步关系"和"条件关系"层次的构架，因其最能体现表达的思辨性。

让步关系是主动把可能存在的"异见"，即合理的质疑与反驳，纳入论证框架中来，因为一味地举例不能"证明"，只能"说明"。面对某句名言要寻找"一切天鹅都是白色的"之外的"黑天鹅"，"对任何一个概念，都要找到其对立面，对矛盾进行具体分析"，"写作中有个'论说假想敌'，迫使自己走到惯性思维的反面，避免立意绝对化"，即站到对方的立场上来思考，以开放的态度面对不同意见，论证会更加全面、辩证，论证结构也会更加严谨和富有弹性。

条件关系是指任何观点都潜藏一定的前提、条件、情境，写作时试着把这些前提、必要条件找出来，以对观点做出合理限定、深入辨析评述，来丰富多层次结构。

名言	隐含条件、前提
一分耕耘，一分收获。（格言）	方向耕对（没有南辕北辙），方法耕对（没有拔苗助长）
兼听则明，偏信则暗。（格言）	听者有胸怀，善辨别
所谓无底深渊，下去，也是前程万里。（木心）	绝不甘堕落的人
如果你对一切错误关上了门，那么真理也会将你关在门外。（泰戈尔）	尽可能不犯错，尤其不能犯致命性、原则性的错误

以关联词的句式支架为思考路径，以关联词置段首连接文章各段，可使段与段之

间语义连贯，层次清晰、有逻辑性，整体结构更加紧凑、立体，严谨而有序。

读写实践

1. 给鲁迅杂文名篇《拿来主义》圈画关联词，梳理文章的行文逻辑。

☼ 读写提示：

《拿来主义》用"标志性词语"清晰地构建全文思路，用段首句"勾""连"，使全文成为一个有机的整体。

第 7 段"所以"，"所以"后的文字表结果，之前的内容表原因。因为"闭关主义""送去主义""送来主义"不好，所以得实行"拿来主义"。将整篇文章的因果论证方法明示出来。

第 8 段末尾："'拿来主义'者是全不这样的。"抓住这句话，我们可以解读出第 8 段告诉我们"不该这样"。

第 9 段"应该怎样（他占有、挑选）"。

第 10 段"总之"，传递给读者的信息是"总结全文"。

2. 请写出以下几种关系的典型的句式支架来明晰逻辑结构。

［原因分析］＿＿＿＿＿＿＿＿＿＿＿＿＿＿＿＿＿＿＿＿＿

［并列分析］＿＿＿＿＿＿＿＿＿＿＿＿＿＿＿＿＿＿＿＿＿

［递进分析］＿＿＿＿＿＿＿＿＿＿＿＿＿＿＿＿＿＿＿＿＿

［策略分析］＿＿＿＿＿＿＿＿＿＿＿＿＿＿＿＿＿＿＿＿＿

☼ 读写提示：

示例：

［原因分析］其原因无非是……/ 究其原因……

［并列分析］从另一方面……/ 另一角度……

［递进分析］更重要的是……/ 更进一步说……

［策略分析］正基于此，我们要……/ 对此，其解决路径是……

第21课 社会现象类 就"此事"说"彼理"

思辨表达即客观地、理性地、有条理地表达自己的观点,它要求能够多角度思考问题,讲究逻辑,做到有理有据地表达。如何培养思维的逻辑性?如何"思辨"?我们以下面的作文题为例,来谈谈如何在社会现象类作文的写作中运用具体策略展开"思辨",培养批判性思维。

> 阅读下面的材料,根据要求作文。
>
> 2020年年初,新型冠状病毒疫情防控形势严峻,为了提高大家的防范意识,多地基层纷纷出奇招,各地挂出超"硬核"的"土味"横幅,诸如"出来聚会的是无耻之辈,一起打麻将的是亡命之徒""今年上门,明年上坟"等。有人认为这样的标语能直击要害;有人认为这样的标语用诅咒、恐吓等形式,不文明。
>
> 对此,你怎么看?请写一篇不少于800字的论述文。

这类作文题有个明显的特点,即关注现实、贴近热点,要求针对某一现象阐述自己的观点并提出解决方案,写作任务指向性明确:要求就"防疫的各式标语"之事说"文明传播""社会文明"之理。

一、类比:另列他例,同类拓展

思考路径:由"这一个"到"那一个"。

在疫情防控期间,涌现出大量的"硬核"标语。这道作文题中仅举出"出来聚会的是无耻之辈,一起打麻将的是亡命之徒""今年上门,明年上坟"两例,我们的关注点应该放在此句后面的"等"字上。需要运用类比思维,循着"这一个"到"那一个"的思考路径,另列其他标语进行同类拓展。这样既避免了"千人一例"的同一化,又能"从点及面",从更普遍意义上去观照所关涉的诸多其他现象。比如:

"口罩还是呼吸机,您老二选一""今年过年不串门,来串门的是敌人,敌人来了不开门""每天勤洗手,病毒全冲走"等。

这种思维应作为常识在议论文写作中普遍应用,尤其是当作文命题中"枚举""列举"诸多现象中的一两种(个)时,需要写作者广阔的视野和敏锐的观察力,应"由此及彼""由个而类"广述各种现象,将所涉的现象中的其他"个"也纳入自己的思考中。更重要的是,在列举过程中尤其要找到"另一个"中的"另类",按议论文最严格的要求,那就是特殊的事例与普遍概括相结合,力求在时间上、空间上有最大的涵盖面。若作文题所呈现的是"土味"的标语，便要另列"文雅"标语，来说明"土味标语"的特定情境，反之亦然。写作中唯有基于事实，针对多样化、普遍化的各式各样现象展开论述，说理才会充分。当然，这也能体现写作主体关注社会、关注现实的情怀。

二、分类：分门别类，分类辨析

思考路径：将诸多"个"大体分类。

分类辨析是思辨表达中一种非常重要的手段，它将诸多"个"分门别类，条分缕析，区别对待，由此再来明确立论，表达自己的观点。此题中，可根据各标语内容进行分类。

①典雅型："现在请吃饭的都是鸿门宴""距离产生美"。

②"诅咒式"："带病回乡不孝儿郎，传染爹娘丧尽天良""出门打断腿，还嘴打掉牙""××区已经感染三人，到处乱走你是第四人"。

③劝诫型："戴口罩总比戴呼吸机好，躺家里总比躺ICU强""省小钱不戴口罩，花大钱卧床治病"。

④呼吁型："让我们一起戴好口罩，减少外出！""共同打赢这场疫情阻击战！"

这样粗略分类，为的是展开辨析、讨论时，确定哪一类型应该驳斥，哪一类型应该赞成等。这样立论既可支持温和"劝诫型"应当为文明标语之应有样式，而指出"诅咒式"的不足之处，也可以将不同类型之间的表达效果进行对比，分析为何"呼吁型"会让人"无感"，"诅咒式"让人忍俊不禁，过目难忘，起到警示效果，而"典雅型"对警示对象的知识素养有一定的要求，不适宜悬挂、张贴在乡镇农村等地方。最终以说明为起到宣传警示作用，标语大多数时候宜直白鲜明，少用修辞，尤其少用典。

三、对比：参照对比，具体分析

思考路径："这一个"对比"另一个"。

对于具体现象类的作文题，不能就事论"事"，而要就事论"理"，探寻命题所关涉的普遍的价值观念。用"此事"说"彼理"——标语在影响社会舆论和文化传播中，对人们的社会行为起着不可忽视的导向作用。"防疫的各式标语"之"此事"要说的是关乎"社会文明"之"彼理"。有了这样上位的"理"的观照，可以就"公共文明"这一范畴内不同的标语作参照来互相对比，将"这一个"与"另一个"对比。

对比1：同类对比

厦门交通标语："你丑你横穿！""你横穿马路，家人医院等你！""还横穿马路，被撞就死翘翘！""天堂不远，超速就到"。

车贴标语："新手上路，龟速""初入江湖，承让" "新手上路，方圆百里，寸草不生"。

高考标语："天王盖地虎，全考985；宝塔镇河妖，全上211""每天增一分，干掉千百人""考过高富帅，战胜官二代""只要学不死，就往死里学"。

对比2：异类对比

2020年疫情防控初期，日本捐赠物资上的诗句频频在网络上"刷屏"：日本汉语水平考试HSK事务局捐赠的物资上写着"山川异域，风月同天"；日本医药NPO法人仁心会、日本湖北总商会等四家机构联合捐赠的医疗物资上写着"岂曰无衣，与子同裳"；日本舞鹤市政府驰援大连的物资上写着"青山一道同云雨，明月何曾是两乡"。

同样是标语，我们会发现"对比1"中这三类标语每类标语都有各自的目的：交通标语是为了明白无误地告诉人们要遵守交通规则，车贴标语是为了善意提醒人们谨慎驾驶，而高考标语则是为了鼓励学子为理想而奋力拼搏。对每一条标语做出准确的分析、评价，便可概括标语的制作要观照应用的社会背景、区域场景，提醒、警示对象等。对比更重要的作用是作参照，作对比论证：防疫标语与交通标语都不能用"死翘翘"式的诅咒；车贴标语相对个性化，可以生动活泼、自嘲调侃，而防疫标语面向的是普通大众，在一定程度上会影响社会舆论等；高考标语急功近利的短视化，不利于培养人才，防疫标语不考虑大众感受而影响文化传播等，以此作为立论的依据，来明确标语的功用。

在"对比2"中，我们要肯定引用的这些诗的意境和情感内容化用得很好，但是我们会发现"土味"标语并不是"没有文化"的表现，两者性质不同，表达方式也不同：口号的主要目的是激励团结、共克时艰，简单简洁却显真挚力量；赠言的主要目的是释放善意，两处共情。一对比，标语的目的、功用愈加明了，行文中便有充分的理据来论证自己的观点了。

凡是社会现象类作文，都要进行多维度的比较，以此来探究与分析各自的特点，以及可能存在的相同、相反、相对的关系等，以进一步说理。

四、"让步"：以"退"为进，多角度思考

思考路径：有没有不同意见？可否包容它？

思辨表达要树立温和、理性、多元的现代价值观，在确立自己观点时，要充分兼顾各种声音，尤其需要考虑不同的观点，即充分考虑"异见"，包容"异见"，以更好地形成"己见"，我们称之为"以退为进"。当然，我们说的"退"，只是退一小步，退这一小步是为了更加客观、理性地呈出自己的观点。"退小步则进大步"，对于批评、反驳意见，不仅不能横加否定或盲目批驳，反而应该充分、合理地肯定这些行为本身

存有一定的合理性，再用"但""然而"的转折去建立和发展自己的观点。即便是对"绝难相容"的不同观点，也要在尊重的前提下有理有据地反驳，再提出自己认为合理的观点，这样才叫说"理"。

我们可借助的句式支架有：

①在一定程度上……但……

②诚然……但是……

③无可否认……

④……固然不错，但是……

⑤有人或许会说……

⑥……无可非议，然而……

⑦……固然不错，但是……

这样迫使自己走到惯性思维的反面，避免立意绝对化，使说理更周全。以如何看待防疫的各种标语为例，我们可以这样论述：

语段1 这些"硬核"标语的确能够在一定程度上直击要害，引起人们的警惕，但是标语是一种公文语体，制作公共标语时，要"不伤大雅"，应考虑到不粗俗，讲文明，更不能诅咒他人。"串门就是自相残杀""今年上门，明年上坟"等标语骂街般偏激、怪诞、粗暴的语言，诅咒、恐吓等方式，难免会引起民众的不适，甚至引起恐慌情绪，对社会舆论和文化传播都造成不良影响。

语段2 有些标语的语言表达简单粗暴固然不错，但是这些"接地气"的标语直截了当、言简意赅地提醒人们提高防范意识，用俗语说是"话糙理不糙"，对那些仍抱侥幸心理的人来说，比一般温和的标语更富警示作用。这显然达到了标语防疫宣传的最终目的。

语段1、语段2把相反或对立的观点纳入自己的表达体系中，说理更加思辨。孙绍振先生称之为"寻找黑天鹅"，也就是论点要经过反思，材料要全面，至少是将正面和反面一起考虑，进行具体分析。余党绪先生称之为"像法官一样说理"，"在议论文写作中，写作者不能把自己当作辩护律师……对证据按照有利于当事人的方向分析与辩护"，而应该"像法官一样说理"，即"不仅要考虑有利的证据，还要正视不利的证据"。[①] 这种"以退为进"的思辨表达在议论文的立论部分尤其需要重视。

五、背景：归因分析，明确立论

思考路径："这一个"依存于怎样的"大环境"？

社会现象类作文中所列的现象或观点都有其特定条件、社会背景、时代语境

---

① 余党绪. 说理与思辨：高考议论文写作指津 [M]. 上海：上海教育出版社，2017:71.

等，写作中需要观照命题所呈出的现象或社会事件所依存的大环境、大背景，并对其进行理性、深入、缜密的因果分析，找出二者之间的因果关系："由果溯因"或"由因求果"，找出每一种观点确立的隐含前提、每一种社会现象可能依存的社会历史背景。

可以借鉴表达的句式支架有：

①从某种意义上说……

②从……角度而言

③在……情况下

④之所以……是因为

⑤正因为……才……

我们来看应用这种思维路径和句式支架的一个具体语段：

我们知道公共标语"忌恐吓"是一个常识，公共标语应优雅客气，尊重他人。但是"具体情况具体分析"，来势汹汹的新型冠状病毒使得 2020 年初成为名副其实的"非常时期"，需要每个人积极参与战"疫"。我们从时间、地点、受众三个角度来看。首先，人命关天的"非常时期"，许多人仍麻痹大意，不甚清楚病毒的严重危害，防疫意识不强，"以毒攻毒"或能够加强警示效果。何况，许多横幅出现在农村的树桩上、墙垣上、电线杆上，小区的门口，各基层的街道上，这种"硬核"标语显然更能让人过目不忘，起到警示作用，提高人们的防疫意识。再者，从受众的角度来看，用这种直截了当、言简意赅的标语来要求普通民众提高防范意识未为不可。

该语段运用"背景分析"，从社会大环境去思考，它从"时间""地点""受众"三个角度来具体分析，指出"硬核"的"土味"横幅出现的前提是"防疫"时期，是病毒肆虐、防疫形势严峻的特殊时期所采取的"非常"举措，为自己的立论找到了言之成理的依据：标语讲究实用性，要考虑时间、地点，以及受众的文化水准、思想状况、生活经历等因素。

六、理据：权威说法，"硬核"说理

思考路径：这个领域的专家怎么说？

社会现象类作文切忌局限于"我"的自说自话。而需要在深入分析的基础上，适时引入权威的说法，进行"道理论证"。但思辨表达的"道理论证"，不是重"道理"，而是重"论证"，关键在于将所引用的"道理"与自己的"观点"建立联系，使论述有权威性，增强说服力。我们称这种有无可辩驳力量的说理为"硬核"说理。

语段1 按照威尔伯·施拉姆《大众传播学》中关于"传播契约"的说法，大众传播中体现出来的是一种互动的社会契约关系，传播者不文明、不道德，可能会影响被传播者不文明、不道德。因而，不良的传播难以收到理想效果。可见，对这种"诅咒式"标语理应说"不"，让警示标语回归文明。

语段2 传播学学者骆冬松认为，横幅标语是基层宣传的重要载体。它出现在公共场所，应该符合大众的审美观和道德观，为的是提高防范意识。文明的标语能够反映一个地方昂扬向上的精神风貌，让人能够感受到热情与友好，催人奋进，助人向善，它理应成为文明的传播渠道。

两个语段都引用权威言论，将学术名著《大众传播学》、学者骆冬松的言论与自己的观点"警示标语应文明"建立了逻辑关系。在"这个领域的专家怎么说"的思维路径下，在运用理据的过程中，特别要注意的是应避免"诉诸权威"的谬误，对诸多言论要审慎思考，不盲从，慎选取，重分析。

社会现象类作文的"硬核"说理，必须延伸拓展议论空间，要针对"法律与情理""义与利""皮囊与精神""公共利益与个人利益""流行文化与传统文化""谣言与真相"等"母题"储备诸多相关的研究与理论，来增强文章的说服力。

◦ 读写实践 ◦

1. 请分析下面这篇范文的结构与表达。

高效之内　实用之外
温州中学　高一（3）班　谢知辰

新型冠状病毒的风暴侵扰着中国大地，同时也在虚拟空间制造了无数话题。其中，全国各地为抗"疫"而打出的各式标语，成了人们热议的话题之一。浏览网络上流传的大多数标语，我们会发现其中不仅有"本户有武汉返乡人员，请勿相互来往"的"恶搞"，甚至还有"今年上门，明年上坟"的威胁与恐吓。各种奇葩标语，令人捧腹，引人争议，也引人深思。在我看来，特殊语境下用特殊标语未为不可。

诚然，诸如"今天走亲或访友，明年家中剩条狗"之类的标语，难免会让人反感。更何况，往大里说，标语是一种公共语境下的表达，理应"文明"至上，以此引导良好的社会风气。但是，对于异常严峻的疫情防控形势和人们根深蒂固的春节走亲访友的观念相持的大背景下特殊时期的特殊标语，我们或许应当特别看待。可以说，抱有轻视的心理，是面对这次疫情最大的敌人。因而，我们不能把这类标语看作乡村和城市"语言表达"的"污点"，毕竟标语本身反映的是积极的抗疫态度，而且，不可否认的是，每一条标语之后都是社区工作者的一片苦心。为了阻止病毒在人与人之间快速传播，为了让城镇、乡村的居民，尤其是大爷大妈们，戴起口罩、少出门，工作者们煞费心思，苦口婆心和恫吓威斥兼有，他们付出了巨大的努力。公众对于防疫工作人员的付出不能一味调侃、讥笑，需要给予莫大的肯定。

况且，我们应当意识到，尽管各式标语内容奇葩，但它们也起到了奇效。"出来聚会是无耻之辈，一起打麻将是亡命之徒。"在如此揭出"恶果"的标语面前，有谁还敢轻易迈出家门？"宁愿多长点膘，切记别到处飘。"适逢春节，受春节拜年串门等习俗的影响，要让人们做到不串门、不宴会、不打麻将等难上加难，这些标语放大"聚众"可能的后果和严重性来提醒人们做好日常防护。不仅能让看到它的人们轻松一笑，确确实实还能对人们减少外出起到关键作用。在严峻的防疫形势下，让标语的影响力最大化，起到有冲击力、有强大警示的作用，才是工作者们追求的，也是我们最应该关注与赞许的。相比其他无实际效果的温文软语式的劝导，实际效果应成为这个特殊时期的最高追求。

当然，在追求实效的前提下，我们可以对标语的改进提出更好的建议，使它不致粗俗、粗暴，尽可能地"文明""讲理"，让人能够心悦诚服地接受劝诫。或许有关部门还可以在全国范围内发起征集活动，动员全社会的智慧，也让在家无事可做而一味"吐槽"的人们有机会为社会出一份力。

索尔仁尼琴说过："个人的命运体现在千百万人中间，千百万人的命运集中在个人身上。"在新冠病毒灾难面前，抗疫标语关涉的每个个体都有着一份责任。这种责任既是保护自己和家人，也是为社会和国家创造出能够高效抗击疫情的环境。当互联网将各式奇葩标语呈现在人们眼前，我们在付之一笑之后，更多的建议需要被采纳，更多的批判需要被实践，而不只是让标语事件成为宅家人们茶余饭后的闲谈话题。在这个日益信息化的时代，面对特殊的疫情，采取更快速果断、"有力""有效"的措施，"做一个批判的建设者"才是我们应该追求的。唯有如此，人类才能一次次携手，攻克难关，战胜未知。

☀ 读写提示：

　　在来势汹汹的疫情面前，命制此作文题为的是引导学生关注现实，要求学生针对各地出现的"土味""硬核"标语现象阐述自己的观点。其写作任务指向性明确：要求学生就"防疫的各式标语"之事说"公共文明"之理。

　　这篇习作从"引出话题"到"明确立论""论证观点"，再到"提出解决方案"，逐层深入，层次分明，论证的思路很清晰。

　　在行文过程中写作者注重思辨，先以"诚然"来承认标语理当"文明"，紧接着以"但是"转至自己的观点，用"特殊时期的特殊标语""防疫工作人员的苦心""实际效果"三个理据来论证自己的观点——特殊语境下用特殊标语未为不可。最难得的是，文章由此及彼，在文末还提出了对标语改进的建议和每个个体应尽的责任。

2.请列出有关"媒介素养"的"理据"。

☀ 读写提示：

"媒介素养"：可阅读传播学、社会学、社会心理学方面的经典著作，比如马歇尔·麦克卢汉《理解媒介：论人的延伸》、沃尔特·李普曼《公众舆论》、尼尔·波兹曼《娱乐至死》、古斯塔夫·勒庞《乌合之众：大众心理研究》、赫伯特·马尔库塞《单向度的人：发达工业社会意识形态研究》等。

第22课 交际语境类 拉满"现场感"

"交际语境类写作"是指面对具体或假拟的读者，围绕一定的话题，为了达到特定的目的和意图，以一定的角色和口吻，建构意义，构建语篇，进行书面表达和交流的活动。命题形式有主持稿、演讲稿、倡议书、书信、发言稿、辩论稿等，这类作文命题凸显交流性、功用性。

不同的写作目的决定不同的写作内容和体式，不同的写作目的驱动不同的写作内容，在明确写作为传达分享，或记述描写，或劝说建议，或审美娱乐等目的后，就写作目的来展开写作。这类写作任务最重要的是界定虚拟读者对象，这里的读者可以是个人（给校长的一份建议书），也可以是一群人（班会上对全班同学的发言稿，对全校同学的演讲稿）；可以针对特定的受众（比如书信、申请书），也可以针对普通受众（比如报刊读者、广大网友）。

写这类文章时如何避免空洞说教、摆大道理呢？我们从以下几个方面入手。

一、构设角色——"我"是谁？

交际语境类写作中需要强化我们作为一个写作者的"主体意识"，即写作者"我"的角色定位——身份、知识阅历、思想态度、情绪状态、表达意愿等，不同的写作者决定了迥然不同的写作内容、风格、语言等。

以2020年新高考模拟卷（山东）作文题"手机该不该进校园"为例：

"手机该不该进校园"一直存在争议。有人说，学生玩手机会分散注意力，干扰教学秩序，影响学习和集体生活质量，还可能接触到不良信息。也有人说，手机可以作为学习工具，辅助教师教学，培养学生的自控能力是学校职责之一，不能一禁了之。还有人认为，课堂上和课余时间应该区别对待。对此，文德中学准备召开座谈会，广泛听取学生、教师、家长代表的意见，然后再决定是否出台相关规定。

　　请结合材料内容，在学生、教师、家长中任选一种身份，写一篇发言稿，阐述你的观点与思考，并提出希望与建议。

　　我们要在学生、教师、家长中任选一种身份撰写一篇发言稿，首先要构想"我是以什么角色来写"？设定发言人是"学生""教师"，还是"家长"？这个角色在座谈会上有怎样的建议、希望和诉求？显然，不同的角色有不同的立场和诉求，决定了全然不同的"发言稿"。

　　多重定语句式支架：（　　）（　　）（　　）的×××

　　我们提供一种思考的路径，即运用多重定语"框定""限制""细化"写作者，以尽可能确定真实而具体的"写作者"：

　　①（求学目标明确）（用手机辅助学习）（自控能力强）的学生

　　②（孩子爱玩游戏、看抖音）（不懂时间管理、内驱力不强）（焦虑）的家长

　　③（喜欢利用各种 App 展开教学）（用大数据进行管理）（年轻）的教师

　　在写作主体意识建构中，用多重定语设想、规定写作者的身份和特点，不失为凸显"作者意识"的直接具体的策略。定语越多越具体，写作内容——发言稿也就越具体明确，这样可以规避概念化、口号化的泛泛而论。

二、界定读者与假拟对象——对"谁"说理？"谁"是谁？

　　我们说理时往往容易"讲大道理""说正确的废话""口号式呼吁"，流于笼统空泛的论述，鲜能给任务情境中特定"读者"提供实际的建议和帮助。借上文所提到的多重定语句式支架，我们来明确并界定或假拟"读者"的特点。以下题为例：

　　二月下旬起，温州各地陆续解除疫情管控卡点。独自生活在苍南县的王阿婆迫不及待想去看望生活在乐清（疫情高风险地区）的整个寒假不曾见面的外孙。

　　如果你是王阿婆所在社区的志愿者，如何对其进行劝说？

　　我们对这个写作任务稍作分析，可以明确两个要点：写作目的——劝说，写作对象——"王阿婆"。借用上述支架表述：

　　劝说对象：（独自生活）（想去疫情高风险地区）（想去看望外孙）的王阿婆

　　因为"精准地"界定了对象的这些"特点""信息"，行文就能紧紧围绕"王阿婆"的这些特点进行劝说，其针对性大大增强。

　　但写作命题中的大多任务情境并不会给出明确、精准的"读者"信息。对这类作文题我们需要充分分析各种情境信息，来假拟、虚设对象的信息，以明确对象的基本

特点，再展开论述。

比如，用两三个关键词帮助外国青年读懂中国（2017年全国Ⅰ卷）：

> 据近期一项对来华留学生的调查，他们较为关注的"中国关键词"有："一带一路"、大熊猫、广场舞、中华美食、长城、共享单车、京剧、空气污染、美丽乡村、食品安全、高铁、移动支付。
>
> 请从中选择两三个关键词来呈现你所认识的中国，写一篇文章帮助外国青年读懂中国。要求选好关键词，使之形成有机的关联。

我们可以假拟对象（读者）：

（觉得中国很落后）（不了解中国当今日新月异发展变化）的（美国）青年

（热爱中国传统文化）（想了解中日的异同）的（日本）青年

再如，面向本校（"复兴中学"）写一篇倡议大家"热爱劳动，从我做起"的演讲稿（2019年全国Ⅰ卷）：

> "民生在勤，勤则不匮"，劳动是财富的源泉，也是幸福的源泉。"夙兴夜寐，洒扫庭内"，热爱劳动是中华民族的优秀传统，绵延至今。可是现实生活中，也有一些同学不理解劳动，不愿意劳动。有的说："我们学习这么忙，劳动太占时间了！"有的说："科技进步这么快，劳动的事，以后可以交给人工智能啊！"也有的说："劳动这么苦，这么累，干吗非得自己干？花点钱让别人去做好了！"此外，我们身边也还有着一些不尊重劳动的现象，这引起了人们的深思。
>
> 请结合材料内容，面向本校（统称"复兴中学"）同学写一篇演讲稿，倡议大家"热爱劳动，从我做起"，体现你的认识与思考，并提出希望与建议。

我们同样可以假拟对象（读者）：

（好逸恶劳）（对体力劳动有认识误区）的复兴中学的某些学生

（重视学业却少参与劳动）（热爱劳动但动手能力不强）的复兴中学的某些学生

把基本信息（身份、地位、年龄、教育水平、兴趣等），和论题相关的特殊信息（态度、立场、诉求、价值观等）进行一一梳理，"读者意识"便能凸显出来。当你把读者（受众）的这些信息想清楚了，写文章不就是你与他对话吗？这就是基于"读者意识"写作的奥妙与原理。以读者为中心、以交流为目的写作，越是将"读者"界定得明确细致，说理就越有针对性。

三、共情心理与合理联想——"他"怎么了？

以交流为目的的写作，要有强烈的对象意识，典型如演讲稿，讲求"现场感"；以说理为目的的论辩类论述文，注重理性的逻辑思维，要以说理为主，追求论点明确、理由充足、气势纵横开阖；以"劝说、建议"为目的的写作，最忌的是语势咄咄逼人，而难以使读者心悦诚服地接受观点，应该基于读者对象的需要来说理。

"劝说、建议"写作目的驱动下的写作，先揆情再度理，说理之前要先"共情"。

参考句式支架：

①你是不是……？你有没有……？（疑问句）

②你或许……；你或许……；你或许……。（陈述句）

借这样的句式支架来设身处地体验对象的处境，约翰·洛克说："要学会表达那种心思的最为人接受、最为人喜悦的方法。"[①] 感受和理解对象的情感态度，是有效沟通的铁律。

王阿婆，由于疫情原因，您长时间没有见外孙，现在您迫不及待想去看他，这是人之常情。您或许想给外孙烧点好吃的，或许想给外孙念叨念叨自己的日思夜想…… [先"共情"] 但，您想前往的乐清市现在的疫情形势非常严峻，您去了被感染的风险高。鉴于此，您最好还是闭门不出，疼爱家人的最好方式是不让家人为您担心。待春暖花开之际，疫情消退之时再去看他也无妨。[再"说理"]

合理地联想和想象，再现相应生活情景、场面，使之"场景化"。这种"情"不是"为文造情"，而是在充分揆度情境的基础上进行情感沟通，在情感沟通的基础上进一步说理。

我们再以 2015 年全国 I 卷作文题为例：

> 因父亲总是在高速路上开车时接电话，家人屡劝不改，女大学生小陈迫于无奈，更出于生命安全的考虑，通过微博私信向警方举报了自己的父亲；警方查实后，依法对老陈进行了教育和处罚，并将这起举报发在了官方微博上。此事赢得众多网友点赞，也引发一些质疑，经媒体报道后，激起了更大范围、更多角度的讨论。
>
> 对于以上事情，你怎么看？请给小陈、老陈或其他相关方写一封信，表明你的态度，阐述你的看法。

给举报父亲的小陈写信时如何充分"共情"？我们看下面的片段：

当你看到我这封信时，或许正拿着吐司片却难以下咽，或许正望着窗外的榕树默默流泪，或许眼前摆着一本小说却一个字都读不进去。[共情想象]

情理契合是说理的理想方式，最理性的说理恰恰是不避情感的。当然，我们提倡共情，但反对滥情，反对不理性的、强烈的情感卷入，尤要警惕共情带来的负面效应，如，狭隘地"利他"而有失"客观理性"，共情中的道德判断，诉诸情感时以情感来代替说理，等等。

---

① 徐贲. 统治与教育：从国民到公民 [M]. 北京：中央编译出版社，2016：220.

四、"交际感"拉满——格式之外的得分"小心机"

我们知道交际语境类作文除了正文的写作以外，还有"格式"要求：称呼语、问候语、署名、日期等。这些规范做到了不加分，但是没有却会被扣分。此外，我们还要基于文体特点拉满"交际感"。

1. 打造有意味的开场白

×××× ，×××× 。＿＿＿＿＿＿ ，今天有幸 / 很荣幸就 ×× 发表我的观点……我演讲的题目是《×××》。

我们知道，大凡是演讲稿多喜欢用"金风送爽，丹桂飘香"这样俗滥化的开场白。写作中我们不妨将其替换成有书卷味儿的、有意境的开场白来拉近与听众的距离。

套话式开场白	新晋开场白
金风送爽，丹桂飘香 光阴似箭，日月如梭	时光如水，缓缓流去 流光一瞬，冉冉物华 岁月不居，时节如流 天接云涛，星河欲转 花开花落，云卷云舒

2. 用排比呼告"！"增强演讲稿的呼吁性、鼓动性

演讲稿的特点之一就是有鼓动性，一般来说考场演讲稿还要鼓励、鼓舞演说对象，因而更重语势。在我们的写作中，最能直接增强呼吁性、鼓动性的是用句式整齐、节奏分明的排比句，或用反复的手法来增强语势，达到"金声玉振"的效果。比如，

让我们……！ 让我们……！ 让我们……！

请记住……！ 请记住……！ 请记住……！

当然，也可以适当用一些反问句和设问句来增加语势。

3. 用直称"你"产生共鸣，拉近距离，增加现场感

演讲稿是面向听众的语言表达，不宜过于书面化，要求通俗易懂。为塑造"交际感"，最关键是要心中有"人"，需要将对象意识、读者意识在措辞上强化出来，拿我们在议论文中最常用"×× 曾说""×× 有言"的引用论证来说，为了贴合文体特点，我们要有意识地完成以下的转换：

×× 曾说→想必大家都知道 ×× 的一句名言

×× 有言→我们都听过 ×× 的一句话 / 开学典礼上，我们曾受 ×× 的一句话的激励

4. 用"你我"统称增加交流感

演讲稿中演讲者"我"的设定不是高高在上的"说教者",越是感同身受地"贴着"听众,演说越有力量。我们首倡内容上不写泛泛而论的大道理,而是针对演讲对象存在的各种各样的问题,聚焦其解决之道,提出切实可行的方法;其次要有高度的共情能力,不能自说自话,要增加亲切感、交流感。在措辞上要真诚、恳切:

①我也和大家一样……

②今天,我们大家/你我一样面临着……

③在座的各位……

④我们当中或许有人……

用这样的措辞,谆谆教诲、殷殷希望和浓浓情意尽显于字里行间。

5. 在祝福词中"植入"观点

交际语境类写作一般要在结尾部分向听众致谢或者送上美好的祝愿:

[演讲稿] 愿大家_____! 我的发言到此结束,谢谢大家!

[书信稿] 愿你_____!

这个祝福词该怎么写呢? 很多同学觉得这是正文之外无关紧要的部分,一带而过。其实在考场写作中,这是大有讲究的。因为交际语境类写作本质上是议论文写作,所以,我们得高分的可为之处在于,如同议论文的结尾要重申观点一样,我们要在祝福词中贴着写作主旨植入"观点",写切合主题的祝词,了无痕迹地突出观点。

	写信对象	普通祝词	植入观点的祝福词
书信稿	给小陈的信(2015年全国 I 卷)	此致/敬礼! 身体健康, 万事如意! ………	早日走出情绪的阴霾!
	给老陈的信(2015年全国 I 卷)		体会女儿对您的真正的爱和孝!
演讲稿	热爱劳动,从我做起(2019年全国 I 卷)	学习进步, 天天向上! 一切顺利, 天天开心! 梦想成真! ………	愿我们每个人爱上劳动,感受劳动的乐趣! 希望大家能够尊重劳动,并身体力行!
	携手同一世界,青年共创未来(2020年全国 II 卷)		把无悔的青春镌刻在中华民族的伟大复兴的丰碑上! 以"舍我其谁"的使命感担当时代的使命!

6. 主副标题齐配

许多同学在交际语境类写作中往往直接以"给××的一封信""关于××的演讲稿"作为文章的主标题。从考场写作追求得分的角度来说,我们建议拟一个明示观点的"主标题",而将一封信、演讲稿、发言稿等作为副标题:

主题式／文艺式／引用式／观点式

——致 ×× 的一封信

这样的拟题方法，既贴合文体特点，又能凸显议论文的观点，同学们，何乐不为呢？

7. 书信体署名：从"××"到虚构的"好名"

书信体作文题中，除了个别写作指令中给定"李华"等身份署名外，大部分都要考生自己假拟。

试比较以下署名，你认为哪一类能提高你行文的档次，得到阅卷老师更多的欣赏，从而获得更高的分数？

①无名氏："×××"

②随大流："小明""张华"

③随意编："花解语""慕容白"

④有心撰："陈求是""张务实"

显然，保守且保险的写法是选择第二种——随大流，写成"小明""张华""大明"等，但我们力倡有能力的同学可选择第四种，不妨如《人民日报》重要评论拟名为"任仲平"（"《人民日报》重要评论"的缩写谐音）一样，我们在署名时可以虚构一个凸显观点、立场的，有意味，又让人一眼即明的谐音名字。

○ **读写实践** ○

1. 请就下题虚拟三个发言人的身份，创设具体的演说情境。

我们正处在一个充满波动性、不确定性、复杂性和模糊性的时代。而在人生之旅中，人们其实都希望多一些确定性，企图得到某些问题的具体答案，但北京大学刘俏教授认为："答案其实不在任何一条路上，只有行走本身才是答案。"

复兴中学要举办以"行走的意义"为主题的演讲活动，请结合上述材料写一篇演讲稿，谈谈你的感受与思考。

☀ 读写提示：

> **虚拟身份：**
>
> （1）刚刚参加了学考模拟考拿到 3 个 A 志得意满的同学。
>
> （2）对自己生涯规划感到迷茫的同学。
>
> （3）因学业繁重而厌学的同学。

2. 请简要分析下面这篇给小陈的一封信（2015年全国 I 卷）习作（节选）的得分"小心机"之处。

子为父隐，还是法大于情？（节选）
——致小陈的一封信

亲爱的小陈：

你好！

当你看到我这封信时，<u>或许</u>正拿着吐司片却难以下咽，<u>或许</u>正望着窗外的榕树默默流泪，或许眼前摆着一本小说却一个字都读不进去。[共情想象]

你坐父亲的车时，经常看见他左手握方向盘，右手握手机，一边开车一边打电话。你也多次劝告他专心开车，但是他依然没有改正，担心行车安全的你将他举报了。不想此事上了网络热搜，网友的各种谩骂和抨击使你泪眼模糊，你无法理解何以这样的做法会遭到有些人的挞伐和抨击。

这其实不难理解，因为"子为父隐"是儒家传统思想，我们是在这种思想中浸润成长的，一时之间，我们当中或许有人的确很难接受"子为父揭"。但理性地想一想，在当今法治社会，"法大于情"才是正确的观念。若人人都不遵守交通法规，路上将会一片混乱，著名的演员保罗·沃克就是因为他人不守交通法规，而被车祸夺走了生命……

……

顺祝

你和父亲的关系早日缓和！

☀ **读写提示：**

（1）主标题直入话题要旨。

（2）正文部分，第一段想象，充分共情，第二段贴着"读者"（收信人小陈）还原场景，第三段有理有据地展开"硬核"说理。

（3）祝福词紧扣信件内容要点，有针对性。

第23课 三元关系型 从"厘清关系"到"厘正关系"

三元关系型作文是近几年高考作文中出现的新题型，这种命题由传统的一元话题、二元对立关系转变为复杂的三元关系，由"解题"转变为"解决问题"，增加了思维含量，

143

对写作者提出了更高的要求。典型如 2016 年全国 Ⅱ 卷 "语文素养提升的三条途径"，2021 年全国乙卷 "弓、矢、的"，2022 年全国甲卷由 "大观园试才题对额" 引出的 "移用、化用、独创" 和 2022 年新高考 Ⅱ 卷 "选择·创造·未来"，等等。与传统命题材料给出 "有人认为……，有人认为……，也有人认为……" 三种看法的命题方式不同的是，传统写作中面对三种不同的看法，我们可以择其一来立论，或取折中意见，或者另外提出与命题所列的看法迥然不同的、自己独有的观点，但三元关系型命题，更注重矛盾分析的辩证思维，重在厘清、厘正关系，对我们思维的灵活性、深刻性、敏捷性提出了更高的要求。

一、厘清"现有关系"

我们以 "ABC" 来代指三元关系中的三个关键词，写作时需要深入全面地分析、思考、概括、归纳材料，提炼从情境化命题中的 "具体之事" 到 "一般之理"，在辨析概念内涵的基础上厘清三者概念，挖掘三者之间的复杂关系，比如 A 与 B、B 与 C、A 与 C 的关系以及 A、B、C 三者的复杂关系。

一般地，命题材料中会或明示或暗含三个关键词相互的关系，厘清命题材料中三者的关系，是我们揣摩命题的意图和隐含立意导向的抓手。命题中三元关系同时共存，有此有彼，互为支点，大略区分如下：

关系	图示	典型题例	是否有"现有关系"
并列	A、B、C	2016 年全国 Ⅱ 卷 "语文素养提升的三条途径"	只呈三元未列关系
对比	A√B√—C×	2022 年新高考 Ⅰ 卷 "本手、妙手、俗手"	明示关系
递进	A→B→C	2022 年全国甲卷 "移用、化用、独创"	暗含关系
两两对应	A⇌B/A⇌C	2020 年浙江卷 "人生目标、社会角色、家庭预期" 落差或错位	暗含关系

以 2022 年新高考 Ⅰ 卷 "本手、妙手、俗手" 为例，三个行业术语，引申到为人处世，可理解为一为根基，一为目标，一为错误做法。因而这道题实际上引导我们思考 "基础" 和 "创造" 之间的关系，命题导向是 "筑牢根本，守正创新"，而不能 "合乎棋理" 下 "俗手" 伤及全局。

对大多数同学来说，如果能将自己的构思立意与命题意图相贴合以切中题意，把命题所呈关系作为自己的论述框架已然不错，但高考作文讲求的不仅是 "写出" 文章，还要 "写好" 文章，写出有 "竞争力" 的文章，在高考语文作文等级评分标准 "发展等级" 中的 "见解深刻" 上凸显写作亮点。这是高考作文写作的发力点。

二、厘正"自立关系"

高考作文命题注重考查思维过程,鼓励我们运用创造性、发散性思维多角度分析解决问题。写作中要廓清的认识是,在命题引导材料中命题者呈现了一种最普遍、最典型的关系,但它不是唯一正确的关系,而是多元的、开放的,其思维方向、价值取向也是多向的,立意角度也是自由的。

我们强调三元关系型作文更注重思辨,恰是要有质疑、分析、推理、判断等思维活动,因而要基于深刻的理解、充分的论据和严密的逻辑推断做出自己的判断,对命题者所列的三元关系进行质疑和反思,用对立统一、由表及里、由此及彼等哲学原理严谨地分析三元概念间"可能存在"的合理关系,跳脱出习以为常的思维,形成自己的独立思考和判断,在此基础上提出个人意见、表明自己的态度。

1. "互连 ABC":变换思考的角度

高考作文命题的价值导向是培养有理性思维、敢于批判质疑、勇于探究的科学精神,提倡"反映你的认识与评价、鉴别与取舍,体现新时代青年的思考",这就要求我们不机械地依从命题材料中已明确的关系,这需要我们变换思考的角度,在共识、常识之外,还要有自己的思考,在多维度比较中说理论证,自我"建构"三元的有机关联,由"A→B→C"到"A→C→B",再到逆向的"C→B→A"等。通俗一点说,就是用自己的方式"连连看"三个关键词,多角度、多层次地建立各种关系,勾连三者之间合理的动态关系:交叉、条件、对立统一、叠加、并置、相互包含关系等。唯有如此,才能体现写作个体"独立的思考"和"独到新颖的见解"。写作中,我们要强化从做"命题代言人"到做"自己的发声人"的角色转变意识。

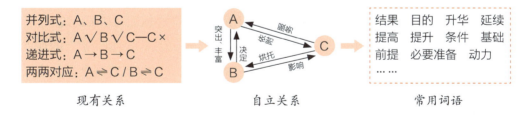

现有关系　　　　　　自立关系　　　　　　常用词语

[现有关系]练"本手"夯基础,力求"妙手"多创造,力避看似合理实则受损的"俗手",即守正守拙,踏实务实,涵养踏实奋斗精神和创新意识,杜绝侥幸取巧,否则弄巧成拙。

[自立关系]

①在功夫扎实的条件下,"本手"可以转化为"妙手",但如果"热衷于追求妙手,而忽视更为常用的本手","本手"也可能转化为"俗手"。

②"俗手"有一定的合理性——人们普遍渴望成功,渴望找到通往成功的捷径,

不可否认的是，"俗手"偶有可能会成为"妙手"。

"自立关系"是在精准理解界定概念的基础上，将三者的关系不断向外延伸，向内开掘，变换思考的角度，肯定、质疑或批判"现有关系"，全方位思考，避免立意的片面性和主观性。

2."断连 ABC"：论证需"证伪"

为了切合题旨，我们容易确立类似"若想'妙手'偶得，须苦练'本手'""只有苦练'本手'才会有'妙手'"这样片面化、武断化的立论。而事实是，未必所有的"A"都能到"B"，二者没有必然的关系。思考时不妨多用"◄─""─►"来断开连接。

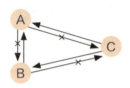

①成为"妙手"，[有的人]主要是依凭过人的禀赋，而非扎实的基础。

②苦干未必就能成功。[因为时机、方向等原因]有的人在"本手"的位置上苦苦操练了好多年，也不一定能成就"妙手"。

③[有些行业]就要鼓励未经"本手"而自出"妙手"……

文句"[ ]"所示部分，是议论范围的划定、前提条件的依据、所涉背景的界定等信息，我们要做到有理有据地"断连"二元，有根据、有限定、有条件地提出自己的看法。

"断连"的思考过程，依循"从特殊到一般"的逻辑，找到特殊个例，以"（　　）的 A 却无法到 B"的思考路径来澄清错误认识。这其实就是孙绍振先生提出的"寻找'黑天鹅'"的思维过程："若要有所发明，有所创造，则必须证明与证伪统一。"[①]证明之外，更要"证伪"，选择与论点不一致的论据，充分设想"虚拟论敌"的观点，或"反驳异见"，或"接纳异见"，以防止观点的片面性，使论点客观全面，论证严谨周密。但这不是胡乱地对现有关系的"抬杠"，而是能够对不同观点（包括命题者的观点）进行推理、分析、判断和辨别，做到言之有理、言之有据。

3."复连 ABC"：权衡主次

梳理关系时最忌讳的是对三个关键词均衡用力，除开头结尾之外，中间段平行并列、逐一阐述"ABC"，每段分别以"A 是××""B 是××""C 是××"开头，敷衍成段。这种"ABC"各用近三百字各说各话，再加头加尾的"三足鼎立式"行文

---

① 孙绍振. 议论文为主导的历史走向和严峻的挑战——评 2022 年高考作文命题 [J]. 语文学习，2022（08）.

结构，是典型的泛泛而论的"平庸文"。显然，这样的松散化、机械化、套路化组合三元的写法是有违三元关系型命题考查的初衷的。

与传统写作强调的二元对立的写作思路大不相同，三元"ABC"写作虽要全面立论，不能偏废，但并不需要详略一致地梳理三者的关系，而要在这三个要素中分出主次、区别轻重，抓住自己立论中最主要的关系，突出其核心位置，因此，我们主张从平均用墨的"三足鼎立（三元鼎立）式"写法转为主次分明的"异军（一元）突起式"写法，选择其中一组关系来重点论述，另外的关系做支撑论证，即权衡取舍"三元"，建立自洽的逻辑关联。

"以宾显主"：突出一元重点，"批判 C → B"以"突出 A → B"。

"一体两翼"："放大 A → B"/"突出 B → C"/"强调 A → C"。

"消元重组"："B → C"或"A → C"转换"放大 A → B"。

无论是哪种策略，不能片面孤立，径取"二元"来写，而是要辨析前因后果、说明区别联系，择"要"来论，并将其逻辑化、有序化。比如，紧紧抓住"本手"与"妙手"之间的关系说理辨明，而对"本手"与"俗手"、"妙手"与"俗手"之间的关系一提而过；或者把"本手"作为核心，"妙手"和"俗手"分别为互相对立的两侧来写；等等。可以说，对其中二元有所侧重是独抒己见的有效途径。

4."超越 ABC"：另找"D"

从三元关系的辨析中探寻多元统一、能够统摄三者的"制高点"，超越一时一事的认识价值，我们姑且称之为"超越 ABC"而另找"D"。另找"D"可以理解为"（高考作文）要有强大的竞争力，则应该在他人停止思考的地方，再多走一步，与命题中的社会生活实践联系起来"。具体地说，这个"D"可以是普遍性的价值观念、终极目的、哲学的观照、现实的表现等内容，是从具体问题讨论中得出的具有普遍意义的结论。

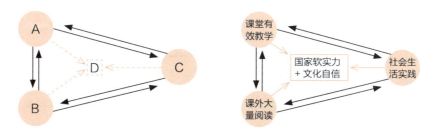

纵观这几年高考题，2016 年全国 Ⅱ 卷的命题材料就明示了"D"——语文学习关乎个人的终身发展，关乎"社会整体的语文素养"，终归关乎"国家软实力和文化自信"。但一般地，大部分命题只呈出"ABC"三元，"D"需要用高阶的思维另立。比如，2022 年新高考 Ⅰ 卷"本手、妙手、俗手"的"D"可以是只要"下"得专注、有意义、有方向，即便未得"妙手"，亦是无悔"人生棋局"。

当然，必须明确的是，统摄三元的"D"，仅是往前走的"一小步"，用简略的笔墨一带而过，以示思维的深刻性即可，切不可长篇大论而导致偏题、套题。

三、厘剔"胡扯关系"

我们强调对作文题中已有的三元关系做深入的思考和有自我创见的构建，可以发展延伸，可以否定重构，从而表现出写作者超群的思想认识水平。但无论建立怎样的关系，都要和谐、有机、言之成理，从而形成正向能量，指向更高的要求，不能牵强附会而流于套路。

在三元关系型作文的指导中，我们可以借助句式、词语支架来完成彼此之间关系的梳理。

句式支架：

① A 是 B 的基础和前提……

② B 是 C 的依靠和动力……

③ A 是 C 的目的和结果……

④ ABC 各得其所，相互促进……

⑤ ABC 相互转化、相互统一和协调……

词语支架：

结果、目的、升华、延续、提升、条件、基础、前提、必要条件、动力……

同学们若将此作为"万能公式"指导写作，将三元关系标签化、模式化，缺少对概念的准确理解和把握，没有厘清概念间的合理关系，而生搬硬套，则会出现典型的"强加关系"的"伪思辨"。比如，对 2022 年新高考 Ⅱ 卷"选择·创造·未来"一题，原题对三元的指向非常明确，"他们（奋发有为者）选择了自己热爱的行业，也选择了事业创新发展的方向，展示出开启未来的力量"，每个考生要思考的是青年如何奋发有为地选择热爱，创新发展，开创未来。但模式化写作可能导致胡乱地"强加关系"：

① "创造"是"选择"的基础和条件

② "未来"是"创造"的前提、必要准备

③ "选择"反作用于"未来"

"创造"何以是"选择"的基础和条件？"选择"怎么反作用于"未来"？……这种教条主义的机械套用，罔顾关键词的内涵和外延，简单套用"前提""基础"等词语而不辨析 ABC 的具体内涵，全然不理会原题逻辑关系而胡拉乱扯，无疑会使思维刻板化、机械化。这显然与作文命题"增强思维的逻辑性和深刻性"的考查方向背道而驰，遑论培养"思维的发展与提升"这一核心素养。

从这个意义上说，破除"伪思辨"的根本，就是要"就题写文"，对问题本身进行深入思考，精准把握三个关键词的概念、内涵和外延，对三者的关系进行辨识、分析、比较，再做合理的引申与适度的扩展，这是写好三元关系型作文的起点。如果理解不到位或出现偏差，后续写作就难免因偷换概念而致偏题。在三元关系型思辨写作中，只有打破刻板的、机械的思维方式，才能形成灵活、创新、多样的思维能力。

─────── 读写实践 ───────

1.阅读下面作文题，请根据自己的理解概括作文题中的三个字的内涵，并根据要求写作。

"从""北""化"这三个字都是由"人"而来的同体会意字（见下图甲骨文示例），相随而"从"，相背而"北"，相转而"化"。这三个字高度概括了人生的成长历程，包孕着国人从古至今的人生哲学与生命智慧；这三个字也与每个人的求学、交友、从业等具体生活实践息息相关，深蕴待人处事之道。

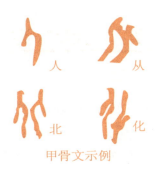
甲骨文示例

对此，你有什么感悟和思考？请写一篇不少于 800 字的作文。

☼ 读写提示：

（1）[成长哲学] 幼年善"从"，青年善"北"，老年善"化"。

"从"：模仿父母师友、名人名家的优点，获得间接经验。

"北"：精神和行为上的双重叛逆。

"化"：从正反两个方面思考，一切为我所用。

（2）[为人处世] 既要学会尊重他人，尊重历史，尊重过去，又要学会质疑一切，养成独立思考之品格，进而获得精神层面的升级，成为善"化"的智者。

（3）[方法论] 择其善者而"从"之，去其恶者而"北"之，力求为我所用者而"化"之。

2. 梳理上题的三元关系，试着从"厘清关系"到"厘正关系"。

☀ 读写提示：

> （1）"从"是"北"的基础，有所学有所得才能有所"北"，有"从"，"北"才不是空穴来风，任性妄为。
>
> （2）"北"是"化"的前提，盲从的人缺乏思考的能力，会"北"善"北"的人才能切中事物之要害，获得知识与技能的转化升级，留下自己的生命印记，最终成为拥有知识产权的强者。
>
> （3）"北"是"从"的补充，我们不能为了"北"而"北"，因此在质疑的同时不能缺失内心的感恩与柔情，使其不至于陷入盲从之淖，"北"是为人的思想锋芒，也是立世的脊梁。
>
> （4）"化"是"北"的目的，质疑不是为了炫耀自己的才学，而是希望改变现实的不尽如人意，建构更为美好的世界，使自己成为一个精神明亮的质疑者和改变者。因此在解构的同时，还要建构，这就是以"化"为终点。

第24课 主旋律类 "大我"精神的"小我"思考

近几年高考作文出现了很多紧扣时代主题的"主旋律"命题，将"立德树人"融入对学生语文素养与能力的考查之中，"时代""祖国""理想""青年""人生"等成为此类命题的高频热词。如 2017 年北京卷"共和国，我为你拍照"、2018 年全国 I 卷"我和 2035 有个约定"、2021 年全国甲卷"可为与有为"、2021 年北京卷"论生逢其时"、2022 年浙江卷"青年与创新"等，这类命题反映时代主题，传递宏大的价值观，引导考生坚定理想信念，树立责任意识，为强国建设、民族复兴奉献青春。

这类命题不同于提出自己观点以说服对方为目的的"论辩文""劝说文"，它是观点已明确预设的"阐释文"，更需要考生具体而深入地阐明已有的正确论点。此类作文最易写成语调铿锵的"假大空"文章。那么，主旋律类作文如何思辨？如何在宏大的时代主题中体现个体独有的思考？写作中可以在以下几个方面做些探索。

一、宏大叙事的"小微"切入

"宏大叙事"是指关于历史意义、经验或知识的宏观叙述，高考命题用来传递社会主导思想和价值观。面对"伟大复兴""担当""家国情怀""强国有我"等宏大主题，如何确立写作的切入点呢？在写作上对此已有共识：再宏大的主题，也需要阐幽发微，"大处着眼，小微切入"，小中见大。

1.化"大"为"小"

从具体而微的"写作点"切入来表现宏大意旨，将论题及思考探究的方向进一步细化、明确化。比如2018年浙江卷"浙江精神"，若对命题者提的"知行合一""务实""经世致用"等面面兼及未免过于空泛，不妨立足其中某一精神进行阐释辨析，抓住其中一个核心要素，论述它在当下的意义和表现，要如何继承、如何发扬等。

2.化"小"为"微"

化"小"为"微"，是化"大"为"小"的外延拓展。若化"大"为"小"还是太过宏大，还可以在明确意义价值和精神内核的基础上，化"小"为"微"。比如中国梦主题，为中华民族伟大复兴而努力追求的皆为中国梦，我们可将之具体至航天梦、禾下乘凉梦、体育强国梦、建设梦等，由"强国梦"到"建设梦"，再聚焦到"热爱家乡、建设家乡"的意旨上来。

"小微切入"使议论有了具体的落脚点，化空洞、抽象的说教为具体问题的分析，这也是免于泛泛而论而作个性化表达的最切实的写作路径。

二、公共情怀的"青年立场"

大多数主旋律类作文命题的一个显著特点是界定了写作主体为"青年"。我们对几个典型的作文题稍作梳理：

引导材料	写作指令	
	显	隐
1.中国共产主义青年团成立100周年之际……（2022年新高考II卷） 2.每个人都有自己的人生坐标，也有对未来的美好期望。（2020年浙江卷） 3.新时代浙江青年，在各行各业、不同领域开拓创新。（2022年浙江卷）	1.正值青春的你怎么看？ 2.上述材料能给追求理想的当代青年以……启示 3.站在人生的新起点上的你怎么看？ 4.反映你的认识与评价、鉴别与取舍，体现新时代青年的思考。	1.请以《论生逢其时》为题目，写一篇议论文。（2021年北京卷） 2.请结合材料，以"可为与有为"为主题，写一篇文章。（2021年全国甲卷） 3.以上材料对你未来发展有什么启示？（2022年浙江卷） 4.请结合你对自身发展的思考写一篇文章。（2021年全国乙卷） 5.复兴中学团委将组织以"选择·创造·未来"为主题的征文活动。（2022年新高考II卷）

从上表中我们会发现，有的命题在引导材料和写作指令中未出现"青年"一词，却无处不紧扣"青年"，在或显或隐的"青年身份""青年立场""青春视角"的导

向中，我们要以"青年立场"，言之成理地论证观点。青年作为祖国的未来、民族的希望，肩负时代使命，勇担民族复兴大任，为祖国的创新发展贡献自己的青春力量，正是此类命题对青年的期许。

什么是"青年立场"？青年身份的出发点，对我们的写作内容有什么样的决定性影响呢？试比较：

A. 你怎么规划自己的职业生涯？请针对<u>本校同学</u>的选科困惑写一篇文章。

B. 以<u>社区志愿者</u>的身份写一篇演讲稿。

C. 以<u>方舱医院的医护人员</u>的身份写一篇倡议书。

我们一比较，就会发现上述三者在说理时迥然不同的出发点，A 项限定学生，立场聚焦职业生涯规划，B 项是志愿者立场，而 C 项则限定了医护立场。不同身份决定了不同立场和不同观点，而写作主体"青年立场"的设定，则隐含了"昂扬向上、追求卓越的青春之姿"，隐含了"强国有我""生而有为"的价值导向。

当然，写作中追求立意的提升与扩展，也讲求由"青年立场"到宏观上的"每个个体立场"，不单是青年，而是每个个体、普罗大众都要高扬"心系国家"的主流价值观。

十八九岁的我们置于这样的时空格局中,要写出真正有深度的文章,写出独特性来,并非易事。在校园里的我们对宏大价值观的践行并没有相应的人生阅历和真切而具体的人生体验。必须明确的是，这个"体验"并不是"有一次，我××"式对生活中的点滴小事的回溯，从这个角度上来看，与其说命题强调写作者通过实践来认识周围事物的"体验"和"亲身经历"，不如说是一种"拟真实"体验，在"愿景"和"共识"中激发主旋律中的个体意识，强调见识和担当精神，这些议题更像一个个"思想实验"，主要目的在于激发思考，澄清思想，体现新时代青年的大视野、大胸襟、大情怀。

写作中除了要有紧扣命题所提示的关键词展开论述的写作能力外，更需要有时代眼光，也需要作为独立个体主体性的介入，激活自己的理性思考，要完成"为什么而学，所学的东西应该指向何处"的自我省知和拷问，不是为了知识而求知，不是为了高分而学习，而是要把所思所学拢聚至与"时代""家国"相连的"公共情怀"。

因而，在当下主旋律类作文的写作中，如果仅停留在背记"三不朽""横渠四句""铁肩担道义"等名言素材层面，仅要求积累官媒社论、风采人物等材料，都是与命题导向的"青年立场的真实写作"背道而驰的。写作的真正目的，不是为迎合命题而喊"实现中华民族的伟大复兴"的口号，而是真正意识到自己作为"青年"，置身时代洪流中的责任感，阐释青年的责任、理想、抱负，对国家天下的重要意义。"作文"即"做人"，唯"修辞立其诚"，文章才会"气盛言宜"，才会有令人信服、振聋发聩的"力量"。

三、"大我"精神的"小我"思考

宏大叙事中要写出自己独有的思考，归根结底还是需要思辨的思维品质。命题要求"体现你的认识与思考，并提出希望与建议""反映你的认识与评价、鉴别与取舍"……在社会主义核心价值观导向下，命题仍留有空间给我们自由发挥。重逻辑求思辨，最底层的逻辑就是理顺个人和国家、社会、集体的关系。

1.建立概念之间的逻辑关联

命题的出发点往往是引导学生思考时代背景下个人的自我价值、社会角色定位等，写作中要用联系、辩证的思维理顺青年个人和国家、社会、集体的有机关联。努力探寻将"小我"融入"大我"的可行办法，做到有的放矢、言之有物。比如，典型的二元关系：

"我"—"我们"

"可为"—"有为"

"青年"—"创新"

"自我"—"时代"

为力避滥喊口号、空表决心、过度拔高立意，写作关键是要将高度的理性和大我思想巧妙化合，中间关键"链接"要梳理透彻。我们可借用马斯洛的"需求层次"理论框架来阐释"小我"与"大我"的关系：

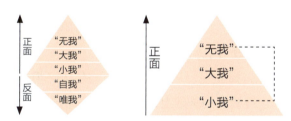

上图所揭示的关系为：夯实"小我"，渐进到"大我"，才能精进至"无我"，而"小我"，不是"自我"，更不能"唯我"。我们用文字来阐述：

①［交融］个体唯有实现社会价值，"小我"融入祖国和时代的"大我"，才算真正实现了人生的价值，而最高境界是"我将无我"，为中国的发展奉献自己。

②［反向］信守"无我"精神，反过来能更好地成就"小我"。

③［前提］做好自己是效力国家的基础和前提，"不能胜寸心，安能胜苍穹"。

④［基础］"致广大而尽精微"，要致力于家国情怀，恰恰需要尽心于学习工作上的精细微妙之处。

⑤［反面］"做好自己"不是张扬个性，不是"唯我""自我"，尤其要警惕"利

己主义""犬儒主义""个人主义"。

⑥[根本]"无我"是高扬的价值观,不能要求人人都能"无我",对普罗大众来说,最重要的是在普通岗位上做好自己的本职工作,体现自身的价值——这是家国精神最朴素的践行方式。

在关系的梳理中展开对具体问题的具体分析,在分析中进行辩证转化,将"时代""青年""小我""大我""无我"等多元要素系统化,推进思路的纵深发展,可以说,以逻辑为基石,追求思考的深度,是思辨写作的终极追求。

2. 用积极追问推进思辨层次

对无可辩驳的正确宏大价值观的写作,前提认知是宏大话题和观点也是可以质辩、讨论的。我们不妨用积极的追问来推进思维的深度,增强文章的逻辑结构和内容的层次感、立体感。

以 2022 年浙江卷"青年与创新"为例:

①青年在所从事的行业中,除了"创新"外,还需要哪些品质和精神作为"底色"?

②现代化影响下的每一个行业的要务都是创新吗?

③行业创新的前提是什么?每个行业是否都需要在承袭式的"守正""守业"的基础上展开?

④哪怕有利好政策的扶持,有的人才还是选择了以"求稳"为标准的行业,有的人才做了"精致利己主义者",有的人才甚至选择了"躺平"……

⑤大多数青年未必是"人才工程"里的高精尖人才,他们该秉持怎样的从业态度?普通青年如何在各行各业实现自我?

这样的追问从人生观、择业观、从业观和当下整体大环境等出发,进行综合、多维度思考。在这样的问题链梳理的基础上,实现全文思路层层推进。

四、历史使命的"现实观照"

赓续精神、传承使命,需要纵贯式的、在历史语境下的溯源,也需要在现实观照中思考、批判。

1. 历史使命的古今融通

我们要从时间线索上,论述宏大价值的发展变迁,探讨在不同的历史阶段的种种表现,挖掘脉源、追溯根本,探究如何演变成为时代精神等。

比如,"大我"情怀承袭的是中国儒家秉持的济世为民的精神,演变成了历代知识分子的道德责任自觉。以社稷苍生为己任,超越个人和个人归属的小团体的私利,而关注公共事务，自觉地守护社会的核心价值。个人际遇无论怎样困窘、穷厄，但基于对国家命运的深刻体察和深切忧虑，从屈原的"举世皆浊我独清，众人皆醉我独醒"到鲁迅的"两间余一卒，荷戟独彷徨"，"胸怀天下、心忧苍生"几乎贯穿了整个中国知识分子的历史灵魂。可以说，这种对国家、社会、民众的高度社会责任感也是当代青年人的历史使命。这也就是命题引导青年人由写作延展至信念的升华，即勇于承担社会责任，以"大我"为怀。

2. 历史使命的现实观照

写作中有必要关注时代、人物和事件，尤其是奋发有为的国之英雄、"时代楷模"和社会重大事件，更要从这些人物身上、事件当中，以自觉姿态关注公共利益、在精神谱系上秉承精神的典型，探讨"大我"精神内涵在当下的价值和意义，提出精神赓续的具体策略和方法等。

除此之外，还要对"非主旋律"的现象加以剖析、批判。很多同学在写作中存在一个错误的认知——认为只能认可、赞同和歌颂。殊不知，揭出问题、批判不良现象恰是歌颂主旋律的"变奏"。在多元价值整合尚未完成、传统道德失范的当代社会里，要对可能出现的不和谐现象进行思考与批判：

泛娱乐化	精神缺钙	精致利己主义	道德滑坡	个人主义
"丧文化"	犬儒主义	急功近利	"佛系青年"	好高骛远
"啃老族"	原子化生存	"躺平"	狭隘民族主义	民粹主义

每个青年都要思考"书生报国成何计"，我们的写作不能只是对形而下的写作技巧的反复体认，而更应在于形而上的思考，加以意识形态的引领。"主旋律"写作的根本目的，是学"立论"为"立人"，提升写作素养，更培养情操志趣，做未来社会需要的有责任心和使命感的公民。

读写实践

1. 请梳理"务实""争先"的思辨关系。

☀ 读写提示：
> 可阐明"务实"是前提，"争先"是超越，也可批判继往开来的前进道路上出现的"过新过快"、只为立"潮头"而忘扎根务实等现象。

2. 请给"爱国主义"找一个"小微切入点"。

☀ 读写提示：
> 爱国主义可以是不畏强权、不怕牺牲，也可以是为国纾难、慷慨付出等。

3. 列出五句左右有关家国情怀的名言。

☀ 读写提示：

> （1）受光于庭户见一堂，受光于天下照四方。——清·魏源
>
> （2）无尽的远方，无数的人们，都和我有关。——鲁迅
>
> （3）不能胜寸心，安能胜苍穹。——清·龚自珍
>
> （4）不谋万世者，不足谋一时；不谋全局者，不足谋一域。——清·陈澹然
>
> （5）你所站立的地方，正是你的中国；你怎么样，中国便怎么样；你是什么，中国便是什么；你有光明，中国便不再黑暗。——崔卫平（北京电影学院教授）
>
> （6）清澈的爱，只为中国。——陈祥榕
>
> （7）若能做一朵小小的浪花奔腾，呼啸加入献身者的滚滚洪流中推动人类历史向前发展，我觉得这才是一生中最值得骄傲和自豪的事情。——黄大年
>
> （8）祖逖不能清中原而复济者，有如大江！——晋·祖逖

4. 请针对以下三个作文题目进行审题立意，搭建写作思路，并写一篇不少于 800 字的作文。

题1 阅读下面的材料，根据要求写作。

材料一：1990 年 12 月，在题为"人的研究在中国——个人的经历"的演讲中，著名社会学家费孝通先生总结出了"各美其美，美人之美，美美与共，天下大同"这一处理不同文化关系的十六字箴言。

材料二：2022 年 11 月 20 日，卡塔尔世界杯开幕式上，"半身男孩"穆夫塔用双手支撑着身体行走，与美国知名演员摩根·弗里曼从容对话，他说："人类被散落在地球上不同国家和部落，但我们可以互相学习，并且发现，我们因不同而美丽。"

我们过得困顿艰难，瘟疫、战争、地震各自逞威，岁月已然不够安好。人类的悲欢难以相通，怎样才能让不同的人和平相处、共度时艰？作为新时代的青年，你对此有怎样的思考与回答？

请结合材料，写一篇不少于 800 字的文章。

题2 阅读下面的材料，根据要求写作。

"哗哗哗"的流水声，夹着拖拉机马达的吼声，好像是雄壮的交响曲。（选自马烽《三年早知道》）

风拂大地，麦浪翻滚；机器轰鸣，昼夜不息；仪表运转，数字跳动……在奋进中国的脚步里，劳动和奋斗始终是最强音。（选自李鹤、钱一彬、刘书文《光荣属于每一个挺膺担当的奋斗者》，《人民日报》2025 年 4 月 27 日）

以上材料引发了你怎样的联想和思考？请写一篇不少于 800 字的文章。

题3 阅读下面的材料，根据要求写作。

老子写下"小国寡民"，孔子试图恢复周礼；柏拉图构想理想国，马克思预言共产主义。先哲们或回望过去，或远眺未来，却常常与时代保持距离。而今，我们常被教导要拥抱时代，与时俱进。

以上材料引发了你怎样的联想和思考？请写一篇不少于 800 字的文章。

☀ 读写提示：

[题1范文]

悲欢相通，呴沫相濡

温州中学 高三（15）班　胡森

"人类的悲欢并不相通，我只觉得他们吵闹。"鲁迅的悲叹刺痛着当下面临着全人类共同挑战的我们。但"没有人是一座孤岛"，我们应以"理解之同情"看见不同文明的"痛"与"美"，捧着"人类命运共同体"的炬火，让人类文明的火种"共三光而永光"。

"仁者，以天地万物为一体。"程子之言跨越千年仍响彻在历史的长空。不同国家和文明是一棵棵高耸挺立的树，但它们的根须是彼此紧密相连的。"没有人是一座孤岛"，没有人能在瘟疫、战争等全人类共同面临的挑战面前"独善其身"，城门失火必殃及池鱼，覆巢之下，安有完卵？所以只有架起共同的桥梁，将"孤岛"连接起来，方能抵御人类文明巨轮向前时遭遇的大风大浪。

而架起桥梁、共克时艰的前提是不同文明的"美美与共"。全世界的民族有语言之分、肤色之异，不同文明也各有其不同的发展历程和所扎根的独特土壤，但他们没有高低优劣之分，在不同的"美"后都闪烁着人类对善和美的共同价值追求和人类文明的光辉。"和实生物，同则不继。"所以我们要悦纳和欣赏不同文明之美，相互发现，相互学习。以文明交流超越文明隔阂，以文明互鉴超越文明冲突，以文明共存超越文明优越。

但现实的沉疴是我们对他人的"美"视而不见，对他人的"痛"视若无睹。究其原因，我们既在自身的文化遮蔽和"前理解"下缩小了视阈，也受萨特所揭示的"主体性"的影响"让世界变小了"。因此，我们应拉上"无知之幕"，放下"傲慢与偏见"，对其他文明的美与痛同样报以陈寅恪所强调的"理解之同情"，让人类的悲欢重新相通。

"因为懂得，所以慈悲。"在理解之同情的关照下，我们要对需要帮助的国家施以援手。安伊高速铁路的通车，丝绸之路驼铃的再次响起，"一带一路"沿线国家的商贸互通，正是一个又一个生动的注脚。而这也正是对霸权主义、强权政治和零和博弈强有力的反拨，证明了"修昔底德陷阱"的荒谬。化国家间的误解为了解，化纷争为争鸣，体悟到"山川异域，风月同天"的真谛，促进人类文明的共同向前。

"冀以尘雾之微补益山海，荧烛末光增辉日月。"作为新时代的青年，我们或许力量有限，尚且无法用青蒿一握拯救万千深受疟疾之痛的人民，无法像史怀哲一样放下一切，在非洲加蓬的"丛林医院"以无私奉献的情怀点亮人道主义的炬火，但我们可以"用伟大的爱去做些小事"，将触动化为行动，爱身边"具体的人"，为"远方的人"发声，与他们"相关"，与他们声气相通。

"青山一道同云雨，明月何曾是两乡。"在"孤岛"之间架起桥梁，在理解之同情下"美美与共"，在困顿艰难中与同一片月光下的人类"相呴以湿，相濡以沫"，让悲欢相通。

第五章
CHAPTER 5

下水文示范

许多同学在议论文写作中存有各段语意各自成段、互不勾连、逻辑不严密的弊病，甚而偏题或离题。为应对这些问题，我们借用书法结构中的一个法则——"中宫收紧"，来助力同学们搭好文章的结构。书法上的"中宫"指的是九宫格中的中间一宫，现泛指字的中心、重心，写字运笔时讲究各种笔画的运用要"收紧"，使字的整体保持稳定、平衡。这个法则运用在议论文写作中是将"中心论点"类比为"中宫"，指无论思路如何纵横捭阖，素材怎样纵深有度，但写作的重心始终要稳定，即始终紧扣中心论点展开论述。

在具体的文章形式表现上，我们可以理解为每段的段首句"紧扣"题旨，使主题贯串全文，再用各种关联词使段段相扣，全文思路清晰。

我们以下面这道作文题为例来进一步学习。

[原题] 阅读下面的材料，根据要求作文。

当读者打开一本书来阅读时，他一定会带入自身"原有的世界和视界"。这个世界，由他的知识素养、理论水平、艺术修养和审美情趣所构成。有人认为这种"前理解状态"，会形成一种对所读之书的"期待视野"，是一种阅读的资本和基础，它决定我们能读懂什么样的著作；但又有人认为这种前理解是一种障碍、一种樊笼，它束缚、限制、规定了读者的阅读选择、范围、性质，以及理解程度和接受效应。

你如何看待这种"前理解"？请根据你的阅读体会和思考写一篇论述文。

[写作指导]

"前理解"是接受美学中的一个概念，是指读者由于审美经验和审美取向所形成的对于作品的一种潜在的审美期待，即在作家、作品和读者的关系中，读者并不是单纯地做出反应，而是积极地参与创造。正如命题材料所示，它对阅读有正向或反向的作用：

前理解 → √阅读

前理解 → × 阅读

面对这道作文题，普通的立意就是"'前理解'有利也有弊"，在行文中，依循命题材料所给的思路，正说、反说，并将两种观点平分笔墨，各写400字。这显然是我们要避开的"大众脸"的立意、"迎合式"写法。真正要把文章写深入写透彻，要看在文章中如何将"前理解"与阅读的关系做纵深推演发展，保证文脉层次分明地深化。重要的是探寻其形成的原因，是独立的阅读及审美意识，还是生活经历的参差多态？"前理解"何以会陷入思维的定式？怎样做才能发挥"前理解"对阅读的最优效用？如何实现真正的阅读？

要有自己独立的见解，从思路上来说，这就要求揭示二者的统一、矛盾，以及在一定条件下如何转化。要追问的是：阅读对"前理解"有没有反向的作用？若有，其反向作用是积极的还是消极的？譬如，对读流行小报的人来说，从荷马到海明威的整个文学宝库依然是不存在的。这样的思考路径就能使行文思辨、多层次：

前理解 √ ←阅读

前理解 × ←阅读

确立这样多维思考、多角度剖析"前理解阅读"的辩证转化关系后，我们在行文中要将这种思考"外化"出来，首要着力打造好每段的"段首句"，使其逻辑清晰、层次分明。

试看下面原文与改文的段首句的区别：

原文段首句	改文段首句
人们常说，每次看同一本书都会有不同的收获。所谓深度，就是指当一个人的阅历、年龄和知识增长时，拥有的前理解也会不停地变化。譬如一个孩子看《小王子》时……	"前理解"是发展变化的，它随一个人的阅历、年龄和知识的增长而变化。人们常说的"经典常读常新"就是这个道理。譬如少不更事的小孩看《小王子》……

两个语段表达的是同样的意思，但从全文来观照的话，显然，改文的段首句突出了关键词，也凸显了自己的观点——"前理解"是发展变化的，使行文文脉紧密相连。类似的语句还有：

①限制"前理解"的，不仅是个人阅历，也是权威的说法和人们的偏见……

②然而，"前理解"因其个体性与局限性，也会让读者思维固化，甚至在阅读中带有偏执……

③诚然，"前理解"能够帮助我们阅读，我们会对书中人物、情境产生"期待视野"……

这样的段首句，我们称之为"中宫收紧式"的写法，它能使全文结构紧凑，段落与段落之间环环相扣。

[学生范文]

"视界"决定"世界"

温州中学　高一（11）班　陈小舍

白岩松说："我们读各种书，其本质便是读到自己。"是的，你的眼界、胸襟、文化水平，都决定着你看到的世界，同样，这也构成了"前理解"文化。

正如"一千个读者眼中有一千个哈姆雷特"，不同高度的人决定着书本的层次。

阳春白雪任是余音绕梁不落窠臼，听不懂的人只会认为其干涩枯瘪；房思琪的无辜纯洁，还是会有人将其视为猥琐低贱的象征。心中有污泥，只会将污泥沾染上整个世界的胸膛，还煞有介事地鄙视说，世上都是尘土。

如何打破这种"前理解"的束缚呢？

首先要提升自我。在泛娱乐化时代，安放一张安静的书桌；抛弃高价比的娱乐生活，拥抱自然，开阔胸襟之无涯，追求思想之提升，便充实灵魂，内心恬淡，再遍观群书，汲取作者思想之精华而无障碍。

批判性思维也是不可或缺的。在"前理解"的思维定式中，许多超前或逆时代的文章被弃如敝屣，又或者达到某成就的文章被奉为至上的真理，被不去糟粕地盲从。这都会成为阅读的樊笼。所以，我们应坚守独立人格思想，不成为盲从的乌合之众，保持特立独行的勇气，不让毛姆、卢梭、王尔德成为再次牺牲的作家，不让孔子再累累若丧家之犬无人赏识。敢于批判，就是可以"于浩歌狂热之际中寒"，"于一切眼中看见无所有"，不成为盲目的跟风者。看不见自己的心，就是盲了眼，又何谈读书？

在知识素养达到一定高度后，便能尽善尽美地提升情操和情趣，让看过的每一处风景都内化为自己的一处，像三毛在茫茫戈壁安然处之，并积极发现生活中的美。

"前理解"不应成为一种束缚，而应成为一种帮助阅读的工具。在千帆阅尽之时，便能感受到作品的温度、文字的笑意。它会说："谢谢你读懂我。"

[下水文]

博观约取，厚积薄发

鲍勃·迪伦曾说："有人感受雨，有人被淋湿。"同样地，对于阅读而言，有的人读出了精义、要旨、情趣，有的人却只能读出文句标点。其根本原因无非是读者的阅读积淀及阅读的"前理解"不同。

阅读和学习在很长一段时间被理解为"白板说"，即给阅读者这块白板涂上什么就有了什么。慢慢地人们廓清了认知，明晰了阅读并非"白板"，每个阅读者都是带着已有的阅读认知水平、理论素养来理解其书、其文、其人的。在哈佛公开课"幸福"第一课中，桑德尔教授跟学生说："学习不是从容器里取出一些知识，再装入其他容器里。"学习也罢，阅读也罢，都是基于个体的"前理解"产生的。故皇皇《水浒传》，在有的人眼里是三个女人和一百零五个男人的故事，而在真正的阅读者那里演绎的是波谲云诡的农民起义、忠义孝悌的各式人格。

可见"原有世界"不宽阔，"原有视界"不广袤，会严重"损毁"阅读，甚至于基本的阅读都未曾开始，更遑论审美，在《富春山居图》的赝本子明卷上写55处题跋、盖满了印章的乾隆即是明证。自诩爱极文墨至宝的他，因为艺术修养之不精、对画作古玩欣赏未臻，随处题字印画，糟蹋墨宝。当然，正是因为其不明之魅，反而让真迹《剩山图》得以保全，此为另题。在此，我们只论"前理解"在极大程度上决定了每个人的欣赏水平。

当然，我们必须明晰"前理解"会束缚、羁绊一个阅读者的阅读理解欣赏。鲁迅说："单是命意，就因读者的眼光而有种种：经学家看见《易》，道学家看见淫，才子看见缠绵，革命家看见排满，流言家看见宫闱秘事。"一部《红楼梦》，因为各自的理解束缚，造成了各种短视化、狭窄化的阅读，这当然是万万不可取的。须知，"一千个读者眼中有一千个哈姆雷特"，但终归是"哈姆雷特"，而不能由个人的诠释解读成"哈利·波特"。

故而，唯有健全扩大夯实"前理解"的"前"，搭建好"原有视界"的"原"，才能实现真正的阅读。"博观约取，厚积薄发"，阅读不是一种单纯的孤立行为，恰需"观""积"才能够实现基于个体理解的又不受框架限制的"真正阅读"。

我注六经之际，六经亦注我。

读写实践

请分析学生范文和下水文是如何做到"中宫收紧"的。

☼ 读写提示：

> [学生范文] 文章语言优美，文采盎然，展现了作者较强的语言驾驭能力。另外，作者用独句成段的方式鲜明地提出了论点——如何打破"前理解"这种束缚，随后用几个段落的篇幅进行具体阐述，打破"前理解"的束缚，使之成为一种帮助阅读的工具。思路较为清晰，但第四段"提升自我"部分的针对性不强。
>
> [下水文] 整篇文章紧扣关键词，按照"正—反—危害—应对"的思路构建全文。为了凸显文章的思路，每段的段首句即是本段的观点，全段都围绕此句展开，更重要的是让每一段的段首句与上下文紧紧扣连，形成一个整体。

第 26 课 援引文题 发现"……"里的玄机

一般地，作文的命题分两个部分，一是引导材料，可能是一句或多句名人名言，也可能是几个人物、一段史实、一个完整的故事，或者新闻热点事件等；若是罗列现象，因不胜枚举，往往会有"……"或者"等"字。二是写作指令，大多是"综合上述材料，你有什么看法"或"处××时代（社会）的年轻人，该如何应对这类现象"等指向性明确的写作任务。以2022年浙江卷为例：

> 近年来，浙江省着力强化创新驱动，深入实施人才强省、创新强省首位战略，深入实施"鲲鹏行动""高层次人才特殊支持计划"等人才工程，全省高质量发展水平持续提升。[引导材料，总说，提供背景，突出浙江省对于高层次人才的重视]
>
> 新时代浙江青年，在各行各业、不同领域开拓创新。[承上段，第一句总起句领起，强调"开拓创新"，与第一段合看，关键词在"创新"。]如95后姑娘徐枫灿，在空军航空大学刻苦训练、满分通过考核，成为我国陆军首位初放单飞的女飞行员；90后青年工人杨杰，从一名普通的学徒工成长为"浙江工匠"，获得浙江省劳动模范称号；之江实验室智能超算研究中心团队，35岁以下成员占比近九成，勇闯国内智能超算领域"无人区"，斩获超算应用领域的国际最高奖项——戈登贝尔奖……[罗列三则人物事迹，以分说"各行各业"的"创新"。"……"表示不胜枚举，可以自己发挥，另举他例。]
>
> 以上材料对你未来发展有什么启示？请写一篇文章。[写作指令，审题、立意、论证的出发点，要细读。]
>
> 要求：①自选角度，自拟标题；②文体不限（诗歌除外），文体特征明显；③不少于800字；④不得抄袭，不得套作。[写作要求，一般说来，除注意文体要求外没有重要信息要提取。]

作文引导材料又可以细分为"罗列现象"（或"举例子"）和"综述"（或"总结"）两部分。2022年浙江卷第一段是综述部分，第二段为罗列现象。如何转述或分析罗列现象部分内容？这在考场写作中大有讲究。

有人认为，从考场作文的角度讲，"……"意味着自己发挥，但另举他例会流于宽泛，想拿高分的话，多扣原材料容易出彩。是不是真的如此呢？对此，我们从以下两方面来分析。

首先，我们要厘清一个概念，那就是作文题中罗列现象的部分，只是"引子"，是为了引出写作的主题、话题、立意等，命题考查的不是就材料本身进行评议的"就事论事"，而是要"因事析理"，以所列之现象或事件为载体，阐明一个道理，需要扩展、挖掘和提升。

其次，考场写作是特殊情境下的写作，在规定的时间、规定的地点、规定的作文题"三规"之外，还有一个更特殊的——一个阅卷老师"一人阅N文"的作文评卷机制。一个省份的考生往往多达几十万人，若是重复原材料中的例子，无疑会出现"千人一面"的情况，会让阅卷老师产生高度的审美疲劳，而原封不动地抄在文章开头，更是禁忌中之大忌。

所以要善于发现"……"里的玄机，而对原题所列的现象或事例，我们在这里提出两种写作的路径：

① "一笔带过"极简概括。可用极简的文字概括性地一带而过。

② "以彼代此"的替换法。对作文题中引导材料部分的内容，我们可用替换法，列举类似的、相近的材料来替换原题所列各现象，展示自己的视野、阅读积累等，其思考路径主要是由"这一个"到"那一个"，尽可能不要重述原作文题所列现象。

> [原题] 阅读下面文字，根据要求作文。
>
> 近些年在互联网传播场域中，"反转"式新闻连番上演：广州方圆小学哮喘女孩遭体罚致吐血事件，反转过后人们才知道，血是由化妆品伪造的；苟晶被冒名顶替上学案引发众怒，最后调查却发现并不存在两次被人冒名顶替上学事件……在这个时代，对同一事件的报道常常会出现一次或多次显著变化，有时甚至出现反向变化。网民们也已被教育得习惯"蹲一个反转""让子弹飞一会儿"。
>
> 有人称其为"污染井效应"，即流传的虚假言论污染了公众舆论之井。美国智库兰德公司也用"真相衰退"这个词来概括人们在公共生活中事实和基于事实的分析所占比重越来越小的现象。
>
> 对此，你有怎样的体验与思考？写一篇文章，谈谈自己的看法。

[写作指导]

引导材料第一段所提"哮喘女孩"和"苟晶事件"是"反转"式新闻，是表现，而第二段"污染井效应""真相衰退"是对现象的总结，互联网传播场域则是其发生背景。此题考查的是同学们对各类舆情反转事件频发现象的理解、认知和解释，探究的是公民的媒介素养如何培养。

行文要探究反转事件产生的背景，即移动互联网的兴起，"即时"和"参与"成为信息传播的重要属性，提高了传播的不可控性和舆论场的复杂性。探究人们的解读、立场、观点、谣言、偏见越来越多地成为主要信息来源的群体心理，也可溯源新闻媒体在"披露真相"这一职责上的缺位等。要倡导个体在面对反转新闻时理性分析、多以证据下结论，而非让情绪压倒真相；同时，呼吁新闻从业者恪守职业道德，秉着"真实性"的根本原则来重塑公共信息环境；也可建议新闻的披露方设置准入门槛，社会各界做好多方监督；等等。

对"哮喘女孩"和"苟晶事件"这两个例子，有同学写道：

近些年来，"反转"一词在互联网传播场中成了热词。"反转"，顾名思义，指出现了反向变化。"反转"事件很多，例如，广州哮喘女孩遭体罚致吐血事件，苟晶被冒名顶替上学案。那么，我们如何在这个时代辨别真假，我建议提升自我能力，三思而后行。（习作《在"反转"中炼就火眼金睛》首段）

这篇文章的首段用了概括法重述这两个例子，如果是其他场域的写作这样写并没有多大问题，但放在"万人同题"的考场写作中，就难免会出现大概率雷同的情况，阅卷老师也难免产生高度审美疲劳。何况，"'反转'事件很多"，何以除了作文题所列的两个之外，再举不出另一个了？这不是自曝其短，愈见知识贫瘠、视野狭窄、见识浅短、媒介修养不高吗？因而，对作文题所列现象大可用"放过"策略，不提或极简捎带一下，关键在于挖掘"……"中蕴藏的类似事件。

[学生范文]

不"让子弹飞"

温州中学　高二（4）班　鲁佳琳

我们生活在一个"后真相时代"：信息社会指数越来越高，信息交流速度越来越快，我们却发现，不知从何时起，"耳听为虚"愈演愈烈，甚至"眼见为实"也难以自立——网络图片、视频也不一定为真。随着众多事件的一次又一次"打假"，人们不禁怀疑：所有"真相"都可能在下一秒被推翻，这个"后真相时代"究竟还有没有真相？

于是，人们强调用理性的灯火照亮"后真相时代"。网友们也已被教育得习惯"让子弹飞一会儿"。诚然，这是人们越来越重视事实与思考的表现，但事实上，仅仅强调受众"让子弹飞一会儿"的等待心理，是一种治标不治本的做法，甚至是一种消极的处理办法。

"让子弹飞一会儿"，那么究竟何时才能探出头呢？等它反转一次吗？然后沾沾自喜"我早就知道它会反转"？然后就在你自以为侥幸逃生而探出头仰天长笑时，你又中弹了——"真相"出现了两级反转。因此，一味强调理性思辨，看似中肯而万无一失，事实上，放到实际中，可操性为零。如果总是考虑着所见非真相，信息有何价值？

为什么如今真相那么难求？难道真无避开"子弹"而使信息发挥其应有作用的方法？我认为是没有的。一旦"子弹"被传播谣言者制造出来，再怎么理性考量，总有人中弹。当然，作为受众，我们的理性思考，不添油加醋，可以避免为"子弹"改造升级，避免两级反转之类的二次伤害。但是，"假真相"的传播正印证着"污染井效应"，流传的虚假言论污染了公众舆论之井。

水之不清，在其源头也。子弹之肆飞，在其始作俑者也。

更重要的是从源头上尽可能杜绝污染。当我们明确自己的公共责任时，我们的责任感与身份感会告诉我们：我们正是社会的主人翁，不制造谣言，就是我们保护社会舆论这方"井"的最有效方法。因为"污染井"就像病毒的传播，汹汹兮其势，理性思考或许有时也力不从心。或许，仅就处理舆论这件事而言，较之思辨能力的强调，公民道德教育与公共责任意识的培养更为关键。这样一来，在面对外来信息源时，保持必要的理性即可。这样一来，"假真相"不会那般肆虐地传播，人们也可以更有效率地处理并利用信息，从而更有效率地办事、解决问题。

"功成不必在我，成功必定有我。"我们个体的力量再绵薄，若每个人都能培养公共责任感与公民意识，不是"让子弹飞一会儿"而是不"让子弹飞"，想必我们的社会舆论环境会更加健康。

以责任意识之镜，鉴火树银花之繁！

[下水文]

追寻"井底"的真相

"重庆公交事件"中女司机逆行致公交坠江，"乐清男孩走失事件"中男孩遁形无寻处，"成都男孩跳楼事件"中母亲未见尸骸男孩已被火化，疫情防控期间"双黄连能治新冠病毒"的传言四起……从来没有一个时代会像这个时代一样信息纷涌，"反转""乌龙"一再上演。

英国学者赫克托·麦克唐纳将上述现象归之为"后真相"，在其影响甚广的著作《后真相时代》里，他这样归结：真相和逻辑在信息传播的过程中被忽视，而情感煽动主导舆论。面对这种也被定义为"污染井效应"的公共信息生活，每个公民都应当有一定的媒介素养——客观理性寻真相，审慎谨严发声。

"真理还在穿鞋的时候，谣言已经跑遍了大半个世界。"马克·吐温所道的不争事实背后，是这个时代给予"后真相"潜滋暗长的种种土壤：自媒体盛行，博眼球、争流量、获利益的商业链，一旦进入集体便可由数量取胜的"乌合之众"，情感倾向替代理性思考的"键盘侠"……这些无不左右着人们从追寻真相事实到滑向"污染之井"。

当然，还有一个容易被忽略的原因是"信息茧房"困缚了每个个体，个体却不自知。凯斯·R.桑斯坦在《信息乌托邦：众人如何生产知识》一书中指出了现代人的悖境：看似无所不知而实际可能是一无所知。每个个体以自己的身份、地位、兴趣、爱好在海量的舆论信息中"只"撷取自己"愿意"相信的那一部分，而有意无意地屏蔽了"事实"，更枉谈"基于事实的分析"。

毋庸讳言的是，长此以往，政府会失去公信力而陷"塔西佗效应"，热心民众因"旁观者效应"不再真实发声，人们便成了只见影壁上投影的"洞穴里的囚徒"，成了名副其实的"庸众"和"乌合之众"。

正视其大弊，不让其成为时代之急疾继成沉疴，唯追寻真相，让事实先于观点的舆论表达成为公共表达的圭臬。

但"真相永远在井底",德谟克里特此言被后世誉为"德谟克里特之井"——它道出了真相之难求。唯其难求,因而更可贵,更需要每个人探寻繁芜现象背后的本源,探索"变化"中事件的本真,甄别纷纭信息背后的本质。

具体地说,证实、证伪、批判、质疑、客观、公正、温和、理性、清明……都是应对网络的洪流中"信息噪音"的利器。正所谓"工欲善其事,必先利其器","心智化"理论提醒我们,唯有提高自己的心智水平才不会曲解外部事实。

在我们赞成人人皆有"第六种自由",皆有不知情权的时候,我们不妨提倡关注社会现实,做一个审慎的信息接收者,做一个理性的发声者。

毕竟,真相总归在"井底"。

读写实践

请分析学生范文和下水文是如何"发现玄机"的。

☀ 读写提示:

[学生范文]文章对"让子弹飞"提出新见,要求先谨言慎行,融合多方声音,经过深思熟虑的判断和筛选来形成自己的观点;又深入分析了"打假"需要公共责任感与公民意识,体现出作者的理性、审慎、思辨。

[下水文]文章以铺陈近年来发生的各类"反转"事件开头,第二段进行了学理化概括,总结这类现象为"后真相""污染井效应",段末提出论点,后文紧扣论点展开有力论证。我们需要特别注意的是全文未提及"哮喘女孩"和"苟晶事件",而用"替换法"代替原题所列现象。这是一种值得大家学习模仿的"替换式"写法。

第27课 硬核议论 关键词的全面展开和分析

议论文写作如何"切题"?首要"读懂"命题材料,就是我们平常所说的精准"审题",要研判命题材料的核心内容及其价值导向,再紧扣"关键词"进行多层面的深入思考和分析。如果对概念的内涵理解不透彻,不紧扣关键词来展开议论,而用似是而非的其他概念来替代,泛泛而谈,往往容易离题、偏题。

要做到切合题意,中心突出,我们强调文章论述时要铆住关键词,这个关键词可能是话题本身,或者是写作指令给出的概念等。近年来,作文命题降低了审题难度,往往直接给出相关的核心概念，比如 2021 年全国甲卷"可为与有为"，全国乙卷"立义以为的"中的"义"，新高考 I 卷"强与弱"，2022 年新高考 I 卷"本手、妙手、俗手"，全国乙卷"跨越"。当然，也有许多命题需要同学们概括、提炼关键词，比如 2022 年浙江卷的"青年""创新"，全国甲卷的"借鉴""独创"等。

如何"就"题写作？如何"贴着"作文题的关键词展开"硬核"议论？我们要充分理解关键词的概念内涵，这是作文精准立意的前提，也是行文的基础。具体的行文要围绕关键词来凸显"论点的明确性"，用关键词的全面展开来体现"篇章的连贯性"，用关键词的分析来达成"说理的透彻性"。

我们以下面这道作文题为例来进一步学习。

[原题] 阅读下面的材料，根据要求作文。

2021 年，是 90 后步入而立、00 后登上职场的一年：有的青年选择了用斗志昂扬谱写青春力量，有的青年自嘲"这届年轻人""大厂青年"，有的青年选择了"躺平"……青年被定义、被揣摩、被追捧。

作为青年，他们都有自己的人生追求，都觉得是在实现自己的人生价值，但是，对于他们的人生价值取向也有着一些不同的声音……

你也即将步入你的青年时代，对此，你有着怎样的思考？结合上述材料，写一篇文章。

[写作指导]

审题时要"掠过"文章的列举部分，找到关键句"作为青年，他们都有自己的人生追求，都觉得是在实现自己的人生价值"，我们将之简化为"青年的人生价值取向"，再由此提炼关键词"青年""人生价值（人生追求）""价值取向"。显然，行文如果没有结合"青年"而以"人生应有追求""人生要实现价值"就是套题作文、离题作文。

如何让行文深入？需要将关键词全面展开和分析。如何将关键词全面展开和分析？我们用层层质问的方式来将议论的每一个层面具体铺展开：

①人生要实现价值，为何"青年时代"尤要实现？

②这个时代需要青年确立怎样的价值观？如何才能志存高远？

③青年如何才能确立正确的人生价值取向？

④是不是也应尊重每个青年个体的不同选择？

⑤若是"青年时代"没有实现，要怎么办？

⑥人生价值由谁来评判？依循社会价值观还是遵循自我观照？

⑦身为青年的"我"如何确立自己的人生价值观？

不断地进行追问，着力于对关键词"定点钻探"、层层剖析，形成有层次有梯度的问题链，实现对话题的理性深度下潜。而在具体的行文中，我们可以变问题为肯定的陈述表达，这样便能在整体行文结构上体现逻辑结构的力量。

需要提醒的是，"紧扣"关键词，不是"死抠"关键词，不是胡乱地、一再地"出现"关键词即可，而是要对关键词的各个层面的可能问题展开分析。

[学生范文]

在奉献与奋斗中实现人生价值

将自己的一切奉献给丹顶鹤的徐卓，将生命奉献给森林消防事业的年轻队员，选择奋斗来改变人生却不幸丧生的吴永宁……他们实现了自己的人生价值了吗？我想答案是肯定的。

在我看来，每一个奋斗在自己所处的岗位上，为他人、社会和国家奉献自身所能的人，都是值得尊敬的，都能实现自己的人生价值。

或许有人觉得，譬如选择直播高空无保护挑战来改变人生、最终坠楼身亡的吴永宁，将人生追求囿于自身的狭小天地中，不值得点赞。可是，他身上散发的青春奋斗的精神，高空无保护挑战，置自身安危于不顾的勇气，真的没有感动与激励大家吗？他真的没有实现自身的人生价值吗？反观现在众多的网红，精致的容颜、锦衣玉食的生活、被众人追捧、只为了活在聚光灯下，他们在实现人生价值上无疑出现了偏差。

价值有小大之分，却无对错之别。因为错的不叫价值。我们无权非议他人的价值。每个人有不同的境遇和选择，"苔花如米小，也学牡丹开"，小如清洁工、外卖小哥，大如国家领导人、首席科学家，各有各的价值。而要实现更高的价值，就要不断奋斗、奉献社会。

"羡子年少正得路，有如扶桑初日升。"青春正是用来奋斗的。步入新时代，我们青年的责任更加重大。要想挑起祖国赋予我们的使命，唯有奋斗。我们要学习林鸣的锐意探索，要学习南仁东的严谨认真，要学习计秋枫的百折不挠……我们要以优良的品格武装自己，努力学习科学文化知识，成为国家需要的人才，追求自我归属感与价值感。

2018年"奋"字成了年度汉字，正因为这是奋斗的时代，正因为"每一个不曾起舞的日子，都是对生命的辜负"。因此我们奋斗在路上，奉献在路上。

"如欲平治天下，当今之世，舍我其谁？"让青年的人生价值在奋斗和奉献中熠熠闪光。

[下水文]

少年心事当拏云

2016年联合国教科文组织将青年的年龄界定为20～45岁，这一界定大大地扩展了"青年"的年龄长度。的确,在医疗体系、健康保障高度发展的今天,45岁的确正当"盛年"。由此李贺所云"少年心事当拏云"、孔子所言"生无所息",当是每一个"青年人"应有的处世姿态,正应了当下流行的"永远年轻,永远热泪盈眶"之语。

生而为人,自有其自我实现的需要,虽然这种自我实现有高下之分,有志存高远一心为社稷苍生具有家国情怀的大写的人;亦有为名为利奔波于世的芸芸众生。我们不必苛责追名逐利的价值取向,这也是人之为人的趋利本性,更何况趋利的客观结果也能够推动社会的发展进步,但是我们绝不能容忍冲破法律之界、毁道德之垣的所谓的人生价值,近段时间震惊全国的"北大学子吴谢宇弑母案"即为明证。傅雷曾说,"首为人,次为艺术家,再为音乐家,再为钢琴家",纵有所谓的北大学子的光环,其为人品质不保,何谈价值?可见价值之根基必立于为人正直、善真的品质之上。

唯在"人之为人"的基础上再论青年价值的实现,方能凸显其意义。

张爱玲曾说"出名要趁早",这个"早"字无非是指年纪轻轻却已在追梦的顶峰之上,因为越早实现人生价值,人生的空间越可以无限地拓展,越可以实现人生的诸多可能,当下"斜杠青年"即是如此,在人生的多面向里实现自我的超越。当然,"早"更能促进一种昂扬向上的人生态度,它能够促使一个人在"余生"里调整方向,或是继续往更高峰攀登。

然而现实未必是青年"="人生价值的实现,现实生活里更多的是"≠"。青年有勃发的斗志,却未必有广博的视野和丰厚的积淀,更遑论机遇的垂青与否。因而青年应有的姿态应是"咬定青山不放松"的矢志不渝,始终"在路上"——价值实现无论早晚,黄忠69岁出征,姜子牙80多岁辅佐周文王,佘太君百岁挂帅,有追求的人永远年轻。我们经常看见白发苍苍的义工服务者,这种终生不止步的价值追求令人肃然起敬。这理应成为"人,生无所息"——尤其是青年的取向。

遗憾的是现今"佛系青年"当道,"宅""丧""废柴"已然成了这个时代某些青年的生活方式,且已成为一种典型的文化生态,不由得让人扼腕叹息。故人生不设限的苏翊鸣、江梦南等会在这个时代里成为标杆。

重塑心态,锚定青春之海,扬帆远航。我们不必人人都是苏翊鸣,却可以是在自己认定的职业岗位上实现自我的个体。

青年人,年轻人,永远在路上。

◇ 读写实践 ◇

请分析学生范文和下水文是如何展开"硬核议论"的。

☀ 读写提示：

[学生范文]文章明确提出自己的观点，行文有破有立，层次清晰。对关键词"青年""人生价值"层层剖析，写出自己对青年人生价值独到的思考和认识。尤其是"价值有小大之分，却无对错之别。因为错的不叫价值"一段重新定义了"价值"，也为自己的立论确立了更为坚实的基础。

[下水文]文章将关键词一一展开，首先对"青年"做了更广泛意义上的界定，将"青年"归属至"人"来论"人的品质、道德"为实现人生价值、确立正确价值取向之基石；接着分两个层面来展开论述，一是用张爱玲的话引出青年实现了人生价值的益处，二是论述青年若实现不了价值应当如何应对；最终得出"青年当抱'生无所息'之人生志向"的结论。此结论就题而写又不囿于题，独抒新见。

第28课　例理契合　事实还须雄辩

"理"是指议论文写作时就某些问题发表自己的意见，表明自己的立场或主张。"例"是用以论证观点时所使用的"材料""论据""事实"等，包括事例和数据、权威意见、公认的常识与普遍规律等。

"理"不具有"自证而明"的特点，为了说服读者，必须"论证"。论证的核心是"摆事实，讲道理"，但是摆了事实不等于讲清了道理，材料无法直接阐释证明论点，如果不加以分析论证，依然如油水分离。要结合材料展开分析说理，使材料与自己所论述的观点完美地契合在一起，像橡皮泥压入模具般无缝对接，就要让分析论证的过程得以充分展开，一改我们常说的"事实无须雄辩"为"事实还须雄辩"。

议论文写作中普遍存在例而不议、引而不证的现象，很多人往往简单地罗列堆砌素材，再贴标签式地附上自己的观点。要力改这种写作习惯，我们必须要用各种论证方法在论据与论点之间架起一座桥梁：

要求	观点统率材料	材料支撑观点	观点"全裹"材料
图示	观点 ⇄（统率/佐证）材料	观点 ↑（支撑）材料	材料 观点
自问问题	材料是否与观点吻合？	事实与观点是否有偏差？	援引具有多面性的材料时，叙例是否有所侧重？
论证方法	①由果推因，探究根源；②由表及里，揭示本质；③假设推论，递进深入；④正反对比，求同求异；⑤类比归纳，拓展深度		

达成事与理之间的契合、呼应与阐发，要运用多种论证方法来做到抽丝剥茧地分析说理，以达到论据与论点的契合。

> [原题]阅读下面的材料，根据要求作文。
>
> 2020年高考成绩公布后，江苏省高考状元白湘菱因为两门选测科目中有一门是B+而无缘报考清北，引发舆论关注。据悉，北大、清华等校对江苏考生两门选测科目等级提出的要求是双A+。此事之所以持续引发关注，主要还是缘于"状元不能上清北"。有人认为，北大、清华等校应该要"不拘一格降人才"，破格录取白湘菱；也有人认为，高考等级要求在江苏已经执行十多年了，若就此破格，就会背离了高考的初衷，毕竟尊重规则才是最大的公平。
>
> 校评论社举行"高考录取究竟该不该破格"的主题征文活动。请结合以上材料写一篇文章，说说你的感受与思考。

[写作指导]

这个作文题以"白湘菱事件"为引导材料，要求扣住"高考录取究竟该不该破格"这个主题写"感受与思考"。写作要求中已明确提出写作主题，要紧扣"高考录取"的"规则"和"规矩"问题，若不扣住这个主题，而直接写"规则与变通""自由与法度"等，则皆为离题。在高考录取秉持公开、公平、公正原则已成为普遍公认价值的当下，这个作文题的立意若立为"不能破格"，会更加吻合主流价值观，若立意为"可以破格"但能自圆其说，当然也是没有问题的。

写作中我们选取的素材要契合"高考录取"这一范畴，但在同学们的素材库里，这方面的素材可谓是寥寥无几，同学们可能竭尽全力、搜索枯肠都很难想到一两个有关高考录取的具体的人或事。不过，这并不奇怪，"无米下锅"实为写作的常态，这也从另一角度提醒我们，"说理"是议论文的万本之源。

我们一起来将下面片段的改文与原文比较，思考如何做到"理""例"契合。

[原文]短片《平衡》作为1990年奥斯卡最佳影片，讲述四个一模一样的人身处平台的四角，因为一个箱子的到来而打破了平衡，造成了混乱的故事，规则被打破会导致失衡，引发混乱。若破格录取，可能会引起一大群人的不满，有失公平公正。规则是秩序的前提保障，是保护每个人自身合法权益的基本方式，破格会损害其他人的利益，导致社会秩序被破坏。

[改文]规则是秩序的前提保障，是保护每个人自身合法权益的基本方式。规则被打破会导致失衡，引发混乱。（正如）1990年奥斯卡最佳短片《平衡》讲述了四个一模一样的人身处平台的四角，因为一个箱子的到来而打破了平衡，造成了混乱的故事。若破格录取，有失公平公正，会损害其他人的利益，以致破坏社会秩序。

稍做比较我们会发现，原文开头例子冗长，且因为用"记叙""抒写"的方式来"介绍说明"短片《平衡》的内容而成"口水文""神侃体"。必须明确的是，材料、事实的呈现不能用叙事化、抒情式的方式来表达。而改文调动句序，将观点前置，删改"讲述"这种介绍式的语言表达方式，做到用观点统率材料，达到事与理之间的契合，有力地论证了自己的观点。

[学生范文]

顺规则大潮，展自我价值

年年的高考被无数学子视为命运的转折点，或有收获，或有遗憾，而在 2020 年高考成绩公布后，江苏状元白湘菱却陷入了尴尬境地，她因一门选测科目 B+ 无缘清北，引发众人争论——高校是否应该破格录取状元。

在无数考生中夺得状元实属不易，状元在人们眼中应是被无数高校争取的对象，但选考 B+ 意味着有一门选科并不拔尖。高考的初衷是择优录取选拔人才，但在多年的高考制度演变中逐渐淡化了"一考定终身"的形式，更偏重选择全面发展的人才，给予考生多次选考的机会。规则既已经制定，考生在知晓规则的情况下接受规则的安排，这是维持高考严谨秩序的必要条件，也是为其他寒门学子保留一份公平的机会的保障，更是对往后学子踏实学习、全面发展的指引与警示，所以也就不应该妄想被破格录取。

无疑，"状元不能上清北"令人惋惜，但国内曾出现一考生因在高考时写甲骨文而被录取，一度受人称颂，而到最后却发现该考生不过是位见识短浅者这样的先例；也曾出现高考状元最后以当保安收场的案例。高考规则存在瑕疵，但已最大程度上保障人才选拔的公平，即使是状元也不能违背规则，损害高考的公平。从另一个角度来说，并不是成为状元就能在人生道路上一劳永逸，未来发展之路仍需自己去拼搏。韩愈曾言："占小善者率以录，名一艺者无不庸。"真正有才的人终会突破谷底之境，在人生之山顶发光发亮。白湘菱虽错过清北，但仍收到南京大学、香港大学等名校的邀请，这些高校或可成为她"更上层楼"的平台。

高考录取虽要守规则，但白湘菱的遗憾正说明了规则有待改进。社会需要同教育机关一起为了制定更好的规则而群策群力，以避免真正的人才落榜的情况，同时也要力破"高考定义人生"的现状。人才不一定就要上最顶尖的高校，每个人都有自己的长处与短处。

让-保罗·萨特说："生命是人的自我规划和自我创造。"在已存在的规则中拼搏，适应规则，利用规则，融入规则，才能在人生的不断超越中实现自我人生的法则，成就自我的价值。

[下水文]

做"专才"的摆渡人

2006年，山东一位名叫潘立群的高中生破解了世界交通难题，他发明的项目被授予"最佳国际优秀项目奖"，但他并未因为这一奖项而被高校破格录取，此事一出，在人才培养、破格录取等方面引起了全面广泛的讨论。时至今日，江苏省状元因一门科目成绩B+而无缘清北，依然广受关注，说到底是人们对于培养顶尖人才和高考录取公平相悖的考量与焦虑。我认为，"参教利害，尽用所长"是破解这个世纪难题的最佳方法。

众所周知，凡事不能"一刀切"，尤其是在"多元智能理论"已成为常识的当下，今天的华夏复兴尤其需要走出"钱学森之问"所带来的人才培养的困窘之境，让才尽其用，让才寻沃土，终成参天大树，让"白湘菱们"能够接受最优质的教育熏养，中华崛起，方有可冀之愿景。

"不拘一格降人才"并不是"不拘全格"，而是在保证教育公平、教育规则严格实施的基础上，根据个体的具体情况谨严而审慎地"降人才"，需要有关招生部门全面介入考察遴选。1921年夏天参加北京协和医院考试的福建姑娘林巧稚，如果不是因为被破格录取，断不能成为"万婴之母"的妇产科第一人。可是我们在街谈巷议这则美谈时，不能省却的是协和医院是在多方商议、综合考察林巧稚"弃考救人"所表现的医德仁心和她已考科目取得的优异成绩后做出的决定。基于规则的考察是不让别有用心地谋一己之私利的个别人有机可乘，不让"萝卜式"招考现象发生，让规则在公平的范围内运行，才不违人才选拔的初衷。

更重要的是，我们这个时代早已经由"万马齐喑"而至"万马齐嘶"。随着社会分工明细化、科技智能化时代的到来，每一个行业更需要专才。如果选拔"真正人才"要求全A，不知道会遗落多少个因为偏科而有可能成为某一行业巨擘的学子。清华大学校长罗家伦录取数学只有15分的钱锺书，青岛大学录取数学零分的臧克家入英语系，魏荣爵给物理交白卷的谢邦敏赋诗"人各有志，给分六十"……无一例外，这些逸事佳话都演绎了为"才"而破格的主题。高校，作为学生培养的摆渡者，要给偏才、专才、奇才一个机会，不拘一格。

当然，我们还要考量"状元"是否就是人才，自古就有高分低能者，而今985高校多有学生自嘲为"小镇做题家"。当今刷题之风兴盛的教育模式下，考得高分的"白湘菱们"是否就是人才，是值得商榷的。

现实的沉疴和忧虑是，"破格"，依何而"破"？何时可"破"？何人可"破"？一旦"破"了，会不会有人因为如"抗疫医护子女中考加分"而强行求"破"？因而，即便我们有对"去病梅化"人才培育的殷殷热望，规则、公平大旗却不能丢。

光风霁月，天公抖擞可期。

◦ 读写实践 ◦

请分析学生范文和下水文是如何做到"例理契合"的。

☀ 读写提示：

[学生范文] 文章为了论证"不能破格"的观点，举了"高考时写甲骨文被录取却发现其人见识浅短""高考状元最后当保安"两例来论证。前一例"写甲骨文被录取"确是"破格录取"的典型例子，若能有年份和具体人名会更有实证性。但第二例相对来说不是很适宜，状元最后的就业、发展与"破格"无关，好在是一笔带过，不影响文章整体。

文章倒数第二段特别值得学习，在反对"破格"的主要观点中，作者将思考往前推进一步，纳入"异见"，提出"白湘菱的遗憾正说明了规则有待改进"这一建设性的意见，从解决问题的角度来说，很有实际意义；从论证的角度来说，说理周全且深入。

[下水文] 下水文有意选择了"可破格"的观点来自圆其说。文章从典型的社会现象入笔，提出"参教利害，尽用所长"的观点。在论证的过程中，列举了"清华大学校长罗家伦录钱锺书""青岛大学录取数学零分的臧克家""魏荣爵给物理交白卷的谢邦敏赋诗"，这三例都是爱才的典型表现，契合"破格"这一主题。文末又进一步阐述"破格"的前提是"人才之为真正人才"来补充观点，又能结合破格可能的困境来启发读者的思考。

不知大家发现没有，文章在举"破格"的诸例时，其实有一个逻辑漏洞，即所举事例都是20世纪的事实材料，而非当下高考制度下的破格。

第29课 语言张力 句句有"梗"

"梗"，网络用语，是指被反复引用、不断演绎，信息量丰富的桥段或流行语。借用到议论文写作中，我们可以把"梗"理解为浓缩版的典故、成语、文化掌故、名家名言、名人逸事等。比如，来自正史或稗官野史中的"历史梗"，有地域文化特色的"地域梗"，或各类文学经典、文学创作、文化传统相关的"文化梗""文学梗"。

议论文重在说理，以理服人，其语言表达要保证准确、理性、客观，在此基础上也要讲究文采，注重修饰点缀，追求语言精练、有张力，通俗一点说就是"句句有'梗'"，尽可能拓展每个语句的表意空间，在作品中表现出深邃的思想和独到的见解，增强文章的说服力、感染力。

在信息爆炸、众说纷纭的时代，我们更应该有质疑的精神，不做被集体无意识支配的"乌合之众"①，盲目接受他人的观点。也不能陷入"鸟笼效应"②的惯性思维，而是要<u>上下求索</u>③事物的真相，如柏拉图面对蜡制苹果，在众人都说"闻到了香味"时勇于说出"我什么也没有闻到"④。"真相永远在井底"⑤，未知永在"芝诺圆圈"⑥之外，唯秉持不懈质疑的精神，方有"独立之精神、自由之思想"⑦。

这个短短的习作片段中精练的语言蕴藏了极为丰富的信息，可谓是句句有"梗"，句句有"意"。我们不妨一一加以梳理。

①"乌合之众"：出自法国社会心理学家古斯塔夫·勒庞《乌合之众：大众心理研究》，是指融入了群体后的个体，个性会被群体所淹没，思想会被群体的思想所取代。

②"鸟笼效应"：著名的心理学效应，是指由惯性思维导致人产生某些认知的盲点，这会让我们做出很多徒劳或者错误的决定。

③上下求索：直接化用屈原诗句"路曼曼其修远兮，吾将上下而求索"。

④蜡制苹果：关于苏格拉底与柏拉图之间的一则著名逸事。苏格拉底举着蜡做的假苹果对学生说："这个苹果是我刚从果园摘来的，你们闻到它的香味了吗？"当大多数学生说"闻到了"时，唯柏拉图又闻了闻说"我什么也没闻到"。

⑤"真相永远在井底"：源于古希腊哲学家德谟克里特的名句"事实真相在井底"，后人将储藏秘密、隐埋真理之深处称为"德谟克里特之井"。

⑥"芝诺圆圈"：古希腊哲学家芝诺提出，人的知识就好比一个圆圈，圆里面是已知的，圆外面是未知的。知道得越多，圆圈也就越大，已知未知的边界也就越长。

⑦"独立之精神、自由之思想"：出自陈寅恪于 1929 年所作纪念王国维的碑铭《清华大学王观堂先生纪念碑铭》，要求知识分子以此作为秉承一生的信条，即自由思考，不依附权威，有批判一切的勇气。

我们提倡句句有"梗"，是针对许多同学喜欢运用大量的素材来论证观点，甚至堆砌素材，是素材运用、例证方法的改进：

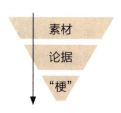

这样的语言表达要求同学们更新"论证观""素材观""语言观",其实质是用得当的论据来论证说理,尽可能在精简的语言表达中显示思想内涵、思考深度和阅读素养。需要同学们对素材运用做"浓缩式"处理,无须赘言,更不能"絮叨",将原来要详细铺展的素材改为高度概括化的转述,将现象或概念直接"植入"自己的语言中,增加文章语言的密度。如若不然,变成材料的简单堆砌,则是议论文的大忌。

[原题]阅读下面的材料,根据要求作文。

我们是自身经验的囚徒,没有人能消除偏见,只能意识到它们。

——美国著名主持人莫罗

偏见缠住了人的性格,就无法克服,因为它们成了人本身的一部分。

——德国诗人、思想家歌德

你认同他们关于"偏见"的看法吗?结合自己的经历或思考,写一篇文章。

[写作指导]

这道作文题所呈的两句话,指向性非常明确。第一句是事实判断,意为说明偏见是普遍的,每个人都被自我认知经验所束缚。明确指出偏见可以被意识到,我们要时时警惕和反思自己的见解。第二句是价值判断,歌德提出人需要克服偏见,不能让自己的见解停留于偏狭、肤浅、片面。因此,此题的立意导向是扩大自我的认知、洞悉世相,去除"成见",尊重包容"异见"等。行文可以就如何践行、对"偏见"应持有的态度具体展开。

全文的思路可以是:"偏见"定义→相关的各类社会现象→成因→危害→对策等。

与之相关的"梗"有很多:

"女子无才便是德"说	"洞穴寓言"	地域歧视/性别歧视/种族歧视
塔西佗效应 信息茧房 粉丝站队	"中医无用论"	协同过滤 群体极化
晕轮效应 以管窥天,以蠡测海	坐井观天	"贴标签""立人设"
功能性文盲 无知之幕 杏仁核劫持	前理解	何不食肉糜 盲人摸象

①莎士比亚:头晕目眩的人,以为整个世界都在旋转。

②谚语:不善操舟而恶河之曲。

③萨特:他人就是地狱。

④庄子:井蛙不可以语于海者,拘于虚也;夏虫不可以语于冰者,笃于时也。

⑤菲茨杰拉德:每当你觉得想要批评什么人的时候,你切要记着,这个世界上的人并非都具备你禀有的条件。

⑥辜鸿铭:我头上的辫子是有形的,而你们心里的辫子是无形的。

对上面方框中的素材,同学们运用之前可作预估、研判,如果是大家所熟知的,在将它们运用到自己的作文中时，要尽量化用，变成"梗"一带而过，以"无痕"嵌入自己的语言；如果是相对陌生的素材，则可相对详细地展开论证，让读者（阅卷教师）知晓其具体内容，也能更有力地论证自己的观点。

[学生范文]

身陷果壳，放眼宇宙

温州中学一考生

正如井蛙从来不懂深海，对于夏虫也难语寒冰，我们似乎总是生活在伽达默尔所言的"包含前见的理解"中。难以摆脱偏见的桎梏，这仿佛成了人类的宿命。我以为，偏见虽无处不在，但我们也不必成为任其摆布的木偶。

偏见之所以伴随人类长存，是由于偏见是经验之产物，也是价值观之体现。从生理学的角度来说，偏见正是过往经验之总结：正如我们的祖先一见到猛虎便会逃跑，现代人一见到手枪便会下意识远离，都是因为过往经验告诉我们，这很危险。偏见是某种刻板印象的结果，帮助我们更快做出选择。男尊女卑，正是新石器时代以来体力劳动愈显重要的结果。换言之，偏见的产生，在已有的环境下再自然不过，甚至对人类有利。

基于此，人类对偏见的逃离是困难的。既然偏见是人类过往社会生活的结果，那么我们往往难以意识到它的存在。正如《单向度的人：发达工业社会意识形态研究》所述的剀切之言，当代的我们正是被我们所创造的技术所胁迫，失去了批判现有制度的能力与超越性的思考能力。偏见产生伊始或许是利于人类的，但刻板认识终会随着社会变化而淘汰，可是在历史的车轮下，我们的偏见创造了物质的生活环境，物质又重新加固了我们的偏见。由此看来，我们对偏见的批判很可能只是社会生活中当下偏见的产物，是以我们在旁门左道上越走越远。

诚然，偏见的桎梏难以跳脱，但也切不可就此畏首畏尾，甚至放弃抵抗，沉陷其中。已然落后的前见——也就是当今我们使用"偏见"一词更多的所指，于个人于社会都是有害的。对于个人，"我们目光所及之处便是监狱的高墙"，思维定式使我们拒绝去看目光之外的真理，对不同的价值观也就难以理解和尊重。投射到社会之上，便成了同声相应、同气相求的信息茧房，便成了对女性的职场歧视，便成了谣言四起下只听自己想听的"吃瓜群众"。萨特敲响了警钟："我们之所以看见，是因为我们想看见。"在互联网时代，偏见对社会的割裂被无限放大。当脑力劳动逐渐取代体力劳动，对女性的歧视观念也在生产力层面上落后了。面对几千年未有之大变局，此类落后观念、偏见若不予摒弃，社会的发展也终究便停留在"只能拥有偏见"的过去。

如何看待偏见？现代科学精神早在几百年前就已给出答案——永远接受论证充分

的质疑。每一个人都可以姑且认为自己的想法不是偏见，大胆表达。但当质疑声到来时，我们应该放下高傲，回过头来想想某种言论是否有其合理或可取之处。即便无法理解，也应对任何一种立场抱有尊重态度。如此，人与人之间身为孤岛的鸿沟便可消弭。恰如苏格拉底所言，承认无知，便是最大的智慧。

莎翁有言："身在果壳当中，却以为是整个宇宙。"我们或许终将多多少少地陷于果壳之中，但也不要忘了时常思考果壳之外的宇宙。

[下水文]

在"无知之幕"后求"全见"

互联网大厂胜于国企，体制内优于个体经营，大城市"拱白菜"甚于小镇创业，阳春白雪优于下里巴人，古典音乐雅于流行音乐，男性行事能力胜于女性……"偏见"是自古洎今大千世界里芸芸众生的思想痼疾。唯有消除偏见，力求"全见"，才能走向思想的理性与清明。

众所周知，人的认知来自个体的直接经验和从历史文化传统承袭而来的间接经验。而这些"走过的路，爱过的人，读过的书"都沉淀在每个人的见识里，孕育着个体的精神世界。但不得不承认的是，它也困围了人对外部世界的全面认知。每个人都成了"洞穴寓言"里不自知的囚徒，以为影壁上的火花映照的牛马就是全世界；每个人都是"芝诺圆圈"里以自我认知画出或长或短周长的局限者；每个人都是尼采所言的"目光所到之处就是高墙"里的囚犯。受限是宿命般的存在，故必须承认的客观事实是人是自我思想、自身经验的囚徒。

面对这样的客观事实，可悲的是不以偏为偏，反而以偏见为真理的认知现状。迫于权势"指鹿为马"在当下是不多见，但是动辄以"双标"来评判，不时有以"自我认知为全世界的"可哂笑的认知。房龙《〈宽容〉序言》里所述的无知山谷也是这个时代的隐喻，可怕的是以偏为全、以邪为正，终会搬起有形无形的石头狠狠地砸向那个告诉我们山的那边有海、洞穴外面有光的先知。如此，则真知消弭，伪学盛行。

消除偏见可谓是当务之急，然而追求"全见"可见乌托邦。恰如莫罗谶"没有人能够消除偏见"，但这并不意味着人就可以就此躺匿在"信息茧房"中而没有作为。约翰·罗尔斯《正义论》当中提及的重要理论"无知之幕"或是人们应对这个共同困境的最佳对策。做出决策的你我于幕布之下消解社会地位、身份、原有认知、前见、经验等所带来的种种捆缚，使认知、判断、见解尽可能地走向"全见"，其实为"躬身出局"，做思想的减法来处事。

毕飞宇在《推拿》中有一句意味深长的话语正好可用来警示人们："看不见是一种局限，看得见也是一种局限。"唯更正心态，看见"看不见"的，才能走出"摸象盲人"的视角，用双眼看清世界。

● 读写实践 ●

请就学生范文和下水文的画线部分，谈谈文章如何做到"句句有梗"。

☀ 读写提示：

[学生范文]作文题"身陷果壳，放眼宇宙"无痕地化用了莎士比亚的名言"身在果壳当中，却以为是整个宇宙"，且能反其意而用之。开篇化用《庄子·秋水》中的"井蛙不可以语于海者，拘于虚也；夏虫不可以语于冰者，笃于时也"，因为这两句话对大家来说是耳熟能详的，范文这样的化用使自己的语言有意蕴。作者慧心所在还在于作文题相对陌生，担心读者未必熟知自己作文题的内蕴，特地在文章末段明示呼应。

画线几处是典型的句句有"梗"，一段文字中融入了萨特、尼采的名言，也带入了"同声相应、同气相求""信息茧房"等典型的现象、概念，还化用了李鸿章的"三千年未有之大变局"。

[下水文]全文运用的素材、提及的社会现象很多，却没有堆砌感，这得益于语言运用高度凝练化。

以画线段为例，"指鹿为马""《〈宽容〉序言》""山的那边有海""洞穴外面有光的先知"等一笔带过，但展示给读者的却是丰富而深广的阅读沉淀。

第30课 贴扣文题 顺喻而"喻"

在议论文的诸多命题类型中，有一类命题偏向于由"喻"引至"理"，即从情境设置中的具体的人、物、事等切入，以小见大，由此及彼，触发联想，再由此引出事理，生发道理，迁移至人生哲理、为人处世的原则等。

这类命题从道理或明示或隐含的角度可分为两种类型。

第一类：有"喻"有"理"。

命题材料由"情境＋事理""引导材料＋内在含义"组成，如2021年全国乙卷以扬雄的"弓、矢、的"设喻，形象生动，且颇具普遍意义和启示作用，其中"弓""矢""的"分别指基础、目标、方向性；2022年新高考I卷中关于围棋"俗手""本手""妙手"下法的理解；2022年全国甲卷由《红楼梦》的题额特点而引出模仿与创新的关联；

等等。材料含义明朗，对"喻"蕴含的"理"已经明示，审题不设坎儿，不易偏题。

第二类，有"喻"无"理"。

命题材料只有"喻"，呈现具体的情境、生活中的人事现象等，但没有揭出"理"，典型如2021年新高考Ⅱ卷漫画描红"人"的书法艺术所包蕴的为人的哲理，2018年全国Ⅱ卷的战斗机防护应该在机身中弹多的地方加强防护的"幸存者偏差"，这类命题主题含蓄多向，特别注重对审题能力的考查。这类只有具体情况的命题，"写作指令"往往如下：

①上述材料能给努力实现自我价值的当代青年以启示。请结合材料写一篇文章，体现你的认识与评价、鉴别与取舍。

②以上材料对于一个人的成长也颇有寓意和启发，请结合材料写一篇文章。

③以上文字也能在更广泛的领域给人以启示，引发深入思考。你对此有何认识？请写一篇文章。

④请整体把握材料的内容和寓意写一篇文章，体现你的思考。

这一类命题形式，与传统的"材料作文"类似，要读懂材料的内涵、意蕴，需要将具体情境和事物"明理化"，精准理解材料内容来审题立意。

在具体的写作过程中同学们容易出现以下典型的失误：

一是将"喻"这个具体情境甩开，径直奔向主题，容易离题。

二是将"喻""打包式"入文，"土味"引用。我们一再强调考场作文若"抄材料"，容易写成千篇一律的42分"平庸文"。

对此类有"喻"的"材料作文"，我们要求审题时"紧扣"材料，运用时又要对材料"若即若离"，这节课我们学习一种很妙的写法——"顺喻而喻"。我们来看以下几个语段：

语段1 人生宛若一盘纵横的棋局，每一颗黑白棋子的落定，正如我们人生的每一步前行，一步一个脚印，在黑白棋子间穿梭，我们可以感悟到人生的棋道与棋法。（2022年新高考Ⅰ卷围棋"俗手""本手""妙手"）

语段2 人生就像写书法，一横一竖都是笔直善良的行走，一撇一捺都是心灵的修炼。（2021年新高考Ⅱ卷漫画描红"人"）

语段3 我们"践志"过程中总难免遭遇风雪、雷暴、阴霾，再"高配"的望远镜也只能镜头模糊，一片黑暗，我们在举步维艰中失意、悲怨。持镜自照，可以映照自我的外在形象，更重要的是照出自我的精神面貌。（模考题：从"望远镜""显微镜""太阳镜""哈哈镜"中给心灵配选两面镜子，写一篇文章）

语段4 如果要成为一只鸟，就尽情拍打翅膀，而非如云般飘动；如果要成为一朵云，就用身躯挡住烈日的侵袭，而非如鸟般飞翔。（模考题：就泰戈尔诗句"鸟儿愿为一

朵云，云儿愿为一只鸟"写一篇文章）

这种"你喻我也喻"的写法，是基于考场作文中，阅卷者对命题的隐喻义、延展义已心知肚明、了如指掌的情况下，不再赘述其情境、喻体，而直接顺喻而喻、借喻再喻，顺势而写，既能紧扣作文题，又能使文章内容、语言自然，有得命题之"灵性"的神妙感。

方法一：具象情境还原，找到适宜的"喻体"。

（1）"创作故事"的具象情境还原：执笔（书写/抒写/谱写）华章（书卷/作品/巨著）

例句①人生的稿纸已经铺开，执精神创作之笔书写自己的人生剧本/人生皇皇大著。

②一个个"好故事"展现着时代潮流的变迁，也铭记着个人的奋斗与奉献，此书无终章，青年续新篇，躬身入局的你我都要执笔不负使命。

（2）"人生如戏"的具体情境还原：唱念做打/生旦净末丑/水袖、舞台、剧本、台词

例句①在日复一日循环往复的人生剧目之中，我们都在不断地演绎着自己的人生，或许剧本已旧、戏路已熟，但我们依旧可以从中觅生趣，寻新知，在落幕时从容谢幕。

②在人生台前台后，把自己的戏唱熟唱响。

方法二：具体细化表达。

"创作故事"不能止于仅用泛泛之语写下自己的故事，好故事应有情境更有细节的支撑。

例句勇立时代的潮头，<u>以个体的行动为笔</u>，在时代的"好故事"中书写好属于自己的<u>一字一句</u>。

方法三：勾连至理。

以"把自己铸造成器"为话题，我们可以这样写：

不惧锻炉之高温，怀着毅然铸己为利器的满腔热望，在为己塑形的同时，铭记孔子"君子不器"的教诲，不熔自己于定型的模板中，而是依己之性、从我之心，将自己煅成举世无双的宝剑。……<u>身外一切不过是煅炉中的炭火，而己身才是精铁，静卧其中等待锻造。</u>

文段就"铸造"展开，借"煅炉""炭火"喻指一切外界压力，喻"直指"理，让人一眼即明"精铁"的品质。

> ［原题］阅读下面材料，按要求作文。
>
> 孟子曰："饥者甘食，渴者甘饮，是未得饮食之正也，饥渴害之也。"在饥渴

时得饮食，可能反而得不到"饮食之正"。人常在渴求中得到事物，但渴求有时反而让人看不到事物的真正面目，品不到事物的真正内涵，体会不到事物真正的趣。

对此你有怎样的看法？请结合材料写一篇文章，体现你的感悟与思考。

[写作指导]

这是温州市2023年第一次模拟考的作文题。它就属于我们上文所列的"有'喻'有'理'"的类型。即便如此，有的同学还是不能明确其具体的"理"到底是什么。因为，类似的作文命题，看似把"理"阐释了，但却没有明晰化。我们可将作文材料拆分为两部分：前半部分所引的孟子的话可以视为具体情境，也可以视为引导材料，关键词是"饥渴"、难得"饮食之正"；后半部分直接解说"渴求"会妨害人们得到"事物之正"，材料又进一步将"追求"细化为"真正面目""真正内涵""真正的趣"。

这里怎么理解"事物"是关键，显然，它不仅是具象意义上的、具体所指的"事物"，更是"形而上"的"目标""理想""追求"，也可理解为"真善美""爱""自由"，等等。简而言之，命题意旨是"太过功利化"的狭隘欲求，会妨碍人们在事物、目标的追求中"得到"真正内涵品位，正向立意应该是：适"渴"而止，方能得"真味"。也就是说，在对事物目标的孜孜以求中，我们的精神不在于欲望的满足、功利的诉求，而是在于丰盈心灵、历练品格。

如何在行文中"顺喻而喻"？我们可以拎出所喻的"关键词"直奔"喻意"而去：

句1 高举自我的标尺，不混淆世俗的浪潮，既使"饥者得食"，又得"饮食之正"，体会到了事物真正的趣……

句2 芸芸众生，每个人莫不是求取"饮食"的"饥渴者"……

结合这道作文题设喻的情境，句1的含义是指既能得到食物求饱解渴的自然属性，又能得到食物的文化审美属性，既完成对目标的追求，又能得到目标追求所附带的自我价值感。而句2的含义：每个人终其一生都在追寻目标，探索价值，为实现自我价值而努力……

这样的写法，是不是有中国武术中"隔山打牛"的"透劲"呢？劲道、内功很足，语言鲜明有力又兼具可感的形象性，无须多言，意蕴却自在其中，读者欣然会意。让我们一起运用起来吧！

[学生范文]

洗去浮躁，求以真知

温州中学　高三（4）班　应婉欣

狄兰·托马斯曾以一句"怒斥光明的消逝"点破人们对于未得事物渴求的焦虑。然而身处钱锺书所言的"企慕情境"的阴影下，我们往往会被渴求心理剥离"心如明镜台"，看不到事物的真正内涵与趣味。面对此般达摩克利斯之剑的警诫，我们诚应恪守明镜之心，洗去"渴求"的浮躁，将审察的目光投向事物本身。

诚然，渴求心理对我们得到事物的助推作用是不容忽视的。"渴求"实质上是一种情感维度的激励，它让我们得以存有最初的热忱以跋涉"路曼曼其修远兮"。君不见孔子困厄陈蔡之际依然高歌他的信仰："不容何病？不容然后见君子！"他对自己所奉儒道能获众人认同的渴求，让他得以在人生至暗之际依然坚定执着地发光，如昭昭明星。

然而，一味地渴求和沉浸在求而有得的短暂快感中迸发不出石黑一雄对"聆听"文学的深情，也不能让瓦拉东野性的笔锋下绽放出艺术之真实的光芒。孟子曾诫："饥者甘食，渴者甘饮，是未得饮食之正也，饥渴害之也。"渴求固然能帮助我们更高效地得到事物，但当这份渴求开始异化我们对事物本真的感知，甚至攻击我们孜孜以求探得事物真正内涵的沉浸氛围时，便值得警惕了。

当下，精致利己主义大行其道，逐利攀比之风大行其道，"渴求"正受到功利的污染，失去其纯粹的本真。当我们的渴求被美杜莎的视线所石化时，我们也被困于狭隘的价值井墟中，故而难以触摸事物的真正面目，品味事物的真正内涵。

莫若循柳宗元"心凝形释，与万化冥合"之理，以最本真澄明的心态探察事物，不为渴求得到满足而心浮气躁以致迷失探寻事物的初心，永远浸润在梭罗所言"黎明的感觉"之中。在对事物本源与本质的追问体验中拓宽我们自身的生命体验，在对事物真趣的身心沉浸中感受渴求所无法触及的宁静喜悦。去做加缪笔下"否定诸神却仍推石上山"的西西弗斯，让精神超越现实表层的得失以达"世界的山巅"；去舞苏菲派的回旋，在纯粹的世界与生命流转之间，用踮起的足尖，感受大地，感知生命，感悟真谛。

"我有根，但我流动。"伍尔芙之言可谓切中肯綮。且洗去"渴求"的浮躁，以"心凝形释"为根，对世界报以澄澈的目光，而世界也会报以真实的爱意。

[下水文]

"执其中"而求，得人生至味

人的一生之于人生目标的追求，如同饥者求食、渴者求饮。若是饥渴难耐时得饮食，难免囫囵吞枣，急功近利，难得"饮食之正"。赏味之至，得乎细嚼慢咽，也得乎微"饥"稍"渴"。人生也是如此，唯有纯正动机，带着"执其两端用其中"的目的，才能拥有真正的"顶峰"体验。

众所周知，心理研究早已揭出一个不争的事实：动机水平太高，难以实现目标。养生之道提倡"不能等到渴了才喝水、饿极了才开吃"，说的也是这个道理。

究其原因，一方面是饥渴者汲汲于"求"，将"渴求"变为"欲求"，因其太趋利、太强的功利性目的指引，过高的动机水平，难以认清事物的真正面目。正如饥渴难耐者求饱，饱则饱矣，却往往食不知味，其目的在食物，而不在"饮"与"食"。乾隆遍集天下珍画名帖于"三希堂"，却不识《富春山居图》子明卷为赝品而随处题诗钤印，遂成千古笑谈。当下一些为晋升、为得名号而不注重专业技艺磨炼的"伪"专家莫不是如此。

另一方面，饥渴者求饮食往往求"快"，猪八戒"人参果什么味道"之问正是如此，因体会不到事物真正的趣，因其只在结果的实现，不在过程一步一步慢慢实现。登山坐缆车固然能快速登顶，快则快矣，却失去吟赏烟霞、细览云雾之趣。

当然，不饥不渴，更得不到"饮食之正"，套金钱之用的话语，"'过于饥渴'是不行的，'不饥不渴'是万万不行的"。我们很难想象，一个吃到撑的人能品出美食的至味。遍尝天下美食的蔡澜曾说，品尝任何食物的要旨都在于"饿"。的确，没有一定的目标的驱动，尤其是没有自发的内驱力，遑论得到事物之趣，休提目标实现的快感。由此，可以分析何以985、211的高才生会自嘲为"小镇做题家"，这也警示我们，当目标趋向为高分、名校，而不是知识的习得之时，学习自然就是只剩做题了。

而当下，却有"求不足""求太多""求太快"之痛。我们要警惕的是"厌食症"，任何山珍海味都味同嚼蜡，食不知味，所谓"躺平""佛系""丧"……无不是对人生至味失去了应有"求取"之姿；还要警惕在物质丰裕时代，心理学界定追求自己不需要的事物的"鸟笼效应"在人身上纤毫毕现，所"求"太多并非来自自己真正需要的事物，使"所求"变"索求"；更应警惕悬浮时代"饥渴感"太强，人们如同学者项飙所言的"蜂鸟"，不停扇动翅膀为的是最短时间里获得成功。

理想之"求"应该变"渴求"为"追求"，葆有纯正的出发点，"执其中"的动机水平，非功利化的求取目标，有追求而不强求。俞敏洪K12线下培训转型为"东方甄选"的成功，原因很多，其中之一，并不来自他对"赚大钱"的目标，而是来自他锚定的目标是助农的初心、对员工的责任感以及"一辆卡车驶向远方"背后的情怀。

弗洛姆说，人的一生是诞下自己的过程。人生最好的状态是在"如"饥"似"渴的状态之下，寻得自己喜欢的"菜"，细嚼慢咽，得人生至味。

📋 敲黑板：

（1）具有"喻境"意识。贴合文题，顺接而"喻"，其实质是指具体语境中的语言生成能力，能够依据主旨、语境的需要，即时生成鲜活而富有生命力的语言。

（2）一喻到底，别"翻车"。比如"站上冲浪板，调整呼吸，鼓起勇气——乘着翻涌的海浪无远弗届，迎着海面的日出直上青云"中，冲浪板"直上青云"，显然不契合情境，也不合常理，可以删去。

（3）隐隐现出"理"意。有别其他文体要"喻"得隐晦、言有尽意无穷，在议论文写作中，"喻"的目的是表达"理"，要让人一眼即明喻之所指。

● 读写实践 ●

1.请就学生范文和下水文的画线部分，谈谈文章是如何做到"顺喻而喻"的。

☀ 读写提示：

[学生范文] 这篇文章紧紧抓住了作文题设喻的内核，即"渴求"与"目标"之关系，来递进式层层论证。文章论证逻辑紧密，一层扣一层，从首段提出观点到第二段正面论证"渴求"之于事物的必要作用，再转入对"渴求"之过的危害的阐述，接着针对当下出现的功利化倾向，顺势提出解决之径：用柳宗元"心凝形释，与万化冥合"之语说明要"以最本真澄明的心态探察事物"的道理。

[下水文] 此篇除画波浪线的段首句突出段与段之间衔接外，也实现了"你喻我也喻"，顺喻而喻的语言运用。注意画横线部分与原命题材料的"喻"的关系，体会这些话如果改为直接揭出事理的语言，其表达效果会发生了怎样的变化。

2.请给下面作文题写"顺喻而喻"式的一句话或一个语段。

阅读下面的材料，根据要求写作。

毛泽东在《论联合政府》中引用《吕氏春秋》的名言"流水不腐，户枢不蠹"提示我们，水流和门轴在不停运动中才能避免外来生物的腐蚀，保持活力；水的流动始终有方向，门轴要精准安插在门臼中才能转动畅顺。爱因斯坦曾在给儿子的信中说："生活就像骑自行车，为了保持平衡，就要不断运动。"骑自行车必须不停地向前蹬，一旦停下来，就容易摔倒。

以上材料对我们颇具启示意义。请结合材料写一篇文章，体现你的感悟与思考。

☀ 读写提示：

（1）然而，运动并非简单的活动。比起停下自行车而很可能摔倒，骑着车在公路上横冲直撞无疑更具危险性和危害性。真正的运动并非低头盲目猛冲，亦非闭眼原地打转，而应确定自己当前的位置和目标，规划好合理的方式和线路，不断优化、调整自己的姿态，从而稳定而高效地前进。

（2）倘若没有方向，流水终将成为干涸的河床，门轴亦难自如转动，在生活中的运动也可能是晕头转向。

（3）为了更好地前行，人生的运动也需要"悬停"，去蓄势、去反思、去检省，不然"生命的肌肉"会劳损，"精神的乳酸"会堆积。

3.分析下面两个时评片段中的"顺喻而喻"。

片段1 "孔乙己的长衫"当然要脱下，但你不能让青年人脱下"长衫"后却不着寸缕。官方更要关注"失意书生"背后的社会矛盾和现实困境，为脱下"长衫"的"孔乙己"

们备好干净的新衣，让其整装待发，重新启程。（刘蒙《不能让年轻人脱下"长衫"后却不着寸缕》）

片段2 孔乙己的长衫一穿20年，已化作皮肤，想撕下来就痛彻心扉。（周倩莹《摆脱"长衫"焦虑 不只是大学生的事》）

☀ **读写提示：**

> 借"长衫"象征学历，学历一向被认为是找工作时的敲门砖。在高学历与现实处境的矛盾的探讨中，片段1借此表达不能让学历成为限制青年职业选择的精神包袱，又进一步提出社会应该扩大就业市场、营造公平的就业环境。片段2指出"长衫焦虑"不只是因为大学生放不下读书人的架子，更是因为"高学历等于高薪"这样的思想观念由来已久。

4.请给下面文题写两个有"喻"的句子。

"就像饥饿的人扑在面包上"，可看作对"饥饿感"的一种描述。在物质产品和精神产品日益丰富的今天，"饥饿感"的缺乏是一件好事吗？

以上材料引发了你怎样的联想与思考？请写一篇不少于800字的文章。

☀ **读写提示：**

> ①精神上"饥饿感"的缺乏会使人不知所以、作茧自缚。"如饥似渴"常用于形容人们读书欲望之迫切。而若不饥不渴，人便无汲取新知识的原动力，在某种意义上，"饥饿"已非一种影响人举动的状态，而是一种决定人行为的价值态度。"精神饥饿"与否，唯有己知，唯有己决断。成果累累的学者尚且像"海绵"一样，如饥似渴地汲取新的知识。
>
> ②保持"饥饿感"并不意味着"滥食"。物质产品有优劣，精神产品也良莠不齐，唯有在精挑细选的基础上保持精神"饥饿感"，才不至于乱食滥食，才能利用好有效有限的"胃容量"。
>
> ③若只是搜罗机遇，我们便只能是无意义地吞噬食物的饕餮，而不能真正将所取之物为我所用。因此我们除了"饥饿"地汲取知识与力量，还应将其消化为自身的经验与教训。
>
> ④当然满足"精神的饥饿"并不等于狼吞虎咽，只填充，不吸收。若是只为了追求"饱腹感"，最终很可能只是用垃圾填埋自己的精神之海。
>
> ⑤"饥饿感"不是狼吞虎咽的理由，狼之吞、虎之咽只能消化食物；而囫囵吞枣，可能会让我们噎住，甚至窒息。对于精神产品的饥饿，让我们既要虎视眈眈，又要细嚼慢咽，不要让精神食粮成为肠胃的"过客"……

后 记

　　从教二十多年以来，我一直致力于议论文写作教学中"议论文思辨性表达'策略支架'设计与实施"系列研究。做课题、编课程、撰论文、写专栏、写"下水文"，当然更重要的是"在课堂"的写作教学实践。很多时候，看了学生的作文我会被深深触动，跟学生一起研究也"很上头"……我以自己对写作教学的浅薄认知做"得寸进寸、得尺进尺"的摸索研究，不虞各方面取得了一定成绩。而看到任教班级学生作文成绩卓异突出时，由衷欣喜之余愈发提振了我致力于写作教学研究的热情和信心。

　　我的写作教学研究起始于以下几位老师的教诲。

　　王荣生："在我国中小学的语文课里，几乎没有写作教学。"

　　王荣生老师在《写作教学教什么》和他的讲座中痛陈写作教学现状，对我影响很深。目前的写作教学以"布置作文—讲评作文"代替写作过程指导，以写作知识代替具体的写作方法；写作教学简化为教师批作文、挑选优秀作文，和学生共同品赏优秀的成品（范文）。思维训练少之又少。这种"教"更多是以范文赏析为主的文章鉴赏式的教学，用教"阅读"的方法在教"写作"，重鉴赏，轻写作，常态是"学生知道什么是好文章，却写不出好文章"。对一个行文能力弱的学生来说，鉴赏分析一篇范文，对其结构、论证、逻辑等优点可以娓娓道来、滔滔不绝；可到自己动笔写作时却捉襟见肘。

　　正因为认识到写作知识≠写作能力、文章学≠写作学，我将写作教学重心由成品转移到写作主体上来，重视写作思维的训练和写作策略的开发。

　　荣维东："教师要开展写作教学的第一任务就是：了解你的学生。"

　　近年来，我为了将自己的写作教学研究与实践相结合，在语文考试监考时，往往会限时与学生共写一篇 800 字以上的考场作文。我想以此来体会学生的写作体会、感受学生拿到一个作文题的真实感受，发现学生可能面临的问题，再结合学生习作中的诸多问题，从发现、分类、归因等方面做一个系统性梳理，能"以其昭昭，使人昭昭"地来教给学生适配的写作知识。

　　结合学情，我从"学生需要学什么"出发，循着"聚焦现象—分析原因—滤析策略"的路径来研发策略、设计教学，针对学生写作所面临的真实盲点、难点与痛点加以精准叩击，化大为小，化繁为简，见招拆招，提供科学性、系统性与针对性的指导。我将相关写作知识分解为一系列的具体目标的"点"，有针对性地从审题、论证方法、篇章结构等方面进行细节式放大，给予学生针对性的策略支架的帮助。

比如，针对审题若即若离、入题千呼万唤、扣题蜻蜓点水、立意平庸病态、选材乏善可陈、论证空洞无力、布局虎头蛇尾、语言肤浅艰涩、文体似是而非、结构千人一面、思维片面滑行等诸多问题，进行序列化、结构化地逐一破解，"直捣材料老底"，进行"沉浸式"钻探，将素材"大裁小剪"，使得例证"句句到位"。

本书"思辨"写作最核心的要义是引导学生走出作文命题亦步亦趋的老路，体现学生作为写作主体独有的深入思考，用论证、反驳、否证、证伪等方法纵深开掘观点的多种可能性，在具体情境中培养学生的分析说理能力。

叶黎明："教学策略的生本化改造，才是有效的。"

叶黎明教授此言还有一个更具体的生活化表达，记得是在 2014 年，她在对我执教的写作研讨课"寻找黑天鹅"的评课中说："教写作如教人做红烧鱼，如果教'要烧得色香味俱全'的陈述性知识，是教不会的；若说热锅下油，爆香葱姜，再放入事先已经用厨房纸擦干水的鱼，煎炸至微黄，再适时翻面……才是策略性知识的教学。"的确，很多时候，我们在教"要思辨""要具体问题具体分析""要透过现象看本质"等知识的时候，都是典型的"要烧得色香味俱全"般正确的但"大而无当"的空话，学生普遍的感受是"老师说得都对，但我就是学不会"。我们要"教"的，是将静态的陈述性知识转为动态的可操作的策略性知识，是能"作用于学生"的具体可操作的方法，最终目的是"使不会写的学生也会写"。

带着这样的朴素的教学理念，将议论文写作中充满判断、推理、抽象等复杂思维过程外化，将缄默内隐知识转化为显性明晰的辅助支架，成了我孜孜以求的教学研究方向。本书三十节课就遣词造句、拟题、立意、选材、结构谋篇布局和各类作文题型进行全息式的铺演和剖析，并提供一系列具体化、知识化、可操作化的"策略支架"，让学生在其中就着支架，进行"模仿""实践"和"内化"，是作用于学生思维过程的思维方法。比如，如何多角度辨析观点，如何呈现清晰的行文思路，如何安排好递进结构等，引导学生循着切实有效的训练路径提高思辨写作能力。

不仅如此，我还将"策略支架"加以生本化改造，比如"寻找黑天鹅式"和对方辩友意识、心中有个"Ta"立论说假想敌、搭建"汉堡包式"结构层次、以"左右互搏"来接纳异见形成己见等等。因为贴近学生，这些提法成了学生口中"秒懂""秒会"的写作知识和写作能力。

该书得以出版，得到了很多同行的帮助。特别感谢我的导师王荣生老师，当我收到他为本书所作的近7000字的序时，不由得感喟万分，又是愧歉又是感恩。王老师费力费心地看了近30万字书稿，又花了3个白天、2个晚上，合计26小时，费时费神地帮我写了序。早在2009年我跟王老师访学期间正逢有老师请他写序，我当时想，要是有一天我也能请王老师写序多好。不想，梦想成真，幸甚！

我也要感谢叶黎明、吴欣歆、余党绪、荣维东四位老师，他们都是写作教学研究领域的专家，在百忙之中拨冗为本书写推荐语，其中不乏溢美之词，我权当是对我的鼓励，促使我更加勤勉地学习研究。还要感谢每月催我写专栏稿子的冯渊老师，他站在写作教学的专业高度上给了我许多修改意见，这一月一期一篇的稿子，使我能不停地反思、整理我的教学实践成果，最终形成文稿。当然，还要感谢浙江大学出版社的肖冰女士，因为她的支持，我的书稿有了面世的机会。

祈愿本书能给教写作的中学同仁、学写议论文的同学以些微的帮助，愿与各位相互勖勉、倍道而进。